천재 할머니를 찾습니다!

천재 할머니를 찾습니다!

내 안의 천재성을 좇는 프로파일러가 되는 길

초 판 1쇄 2025년 12월 08일

지은이 윤방
표지그림 로드리게스 윤루이스
펴낸이 류종렬

펴낸곳 미다스북스
본부장 임종익
편집장 이다경, 김가영
디자인 윤가희, 임인영
책임진행 이예나, 김요섭, 안채원, 김은진, 국소리

등록 2001년 3월 21일 제2001-000040호
주소 서울시 마포구 양화로 133 서교타워 711호
전화 02) 322-7802~3
팩스 02) 6007-1845
블로그 http://blog.naver.com/midasbooks
전자주소 midasbooks@hanmail.net
페이스북 https://www.facebook.com/midasbooks425
인스타그램 https://www.instagram.com/midasbooks

ⓒ 윤방, 미다스북스 2025, *Printed in Korea*.

ISBN 979-11-7355-610-4 03810

값 17,500원

미다스북스는 다음세대에게 필요한 지혜와 교양을 생각합니다.

내 안의 천재성을 좇는 프로파일러가 되는 길

천재 할머니를 찾습니다!

My dream is
a genius grandmother

윤방 지음

미다스북스

재중한인 미술협회에서 독보적인 창작 언어로 활동해 온 윤방 작가가 에세이집을 출간한다는 소식이다. 글 또한 그의 회화 예술만큼이나 치밀한 붓놀림으로 풀어내고 있다.

'천재-천하의 재수 없는 놈.'으로 시작하는 어눌한 아재 개그는 책장을 펼친 독자의 자세를 단박에 흩트려 놓는다. 작가는 진양조장단으로 느리게 이야기보따리를 풀기 시작하더니, 슬슬 신들린 듯 박자를 탄다. 어느 순간 우리는 모든 장단을 넘나들며 한바탕 질펀하게 본인 예술 인생의 서사에 '천재성'이란 솔깃한 단어를 덧대는 작가의 모습을 볼 수 있다.

이 가을, 산들거리는 바람을 따라 가벼운 행장으로 윤방

천재 할머니를 찾습니다!

작가의 에세이 속 〈미래의 천재할머니〉를 만나러 가보자. 작가의 일생이 빚고 사건사고로 만들어진 갖은양념을 잘 버무린 밥상 위에 서문이란 숟가락을 얹는 것도 모자라 아예 큰 국자를 덥석 얹어 본다. 기가 막힌 맛이다.

류시호

문학(미술학)박사,
중국 장시 징강산 대학교 미술과 석사지도교수

이 책에서는 누군가에게는 뻔한 현실이 그녀만의 재기 발랄하고 당당한 시선으로 새롭게 그려진다. 그것이 좌충우돌, 어디로 튈 줄 모르는 급발진으로 중무장한 독특한 도전 정신과 넘치는 추진력일지라도 말이다.

어린 시절 할머니의 영향을 크게 받은 그녀가 먼 미래에 할머니가 되어 삶을 회고한다면 자신을 어떤 모습으로 정의할 수 있을까? 그녀는 일반적이고 보편적인 천재가 아니라, 자신만이 생각하는 천재로 거듭난 할머니가 되었을 것이며,

그때도 단언컨대 새롭고 드라마틱한 모험 정신을 발휘할 것이다.

예술은 한마디로 삶을 한 발짝 떨어져 잠시 되돌아보게 하고, 우리가 너무나 쉽게 생각하고 있는 상식과 가치에 질문을 던지기도 한다. 나는 이 글에서 그림을 사랑하는 윤방의 자아가 그러한 예술의 정신을 독창적인 도전으로 몸소 실천하리라 기대한다.

힘들고 고난과 역경에 처했을 때, 그녀만의 뚜렷한 가치관으로 대처하는 모습이 인상적인 이 에세이는 자신의 길을 가려는 청년들에게 든든한 뒷배가 되어준다. 또한 그녀는 에세이 안에서 온 힘을 다해 '일단 하고 보자.'라는 응원을 펼치고 있다.

김용우

홍익대 시각디자인 학부·산업미술대학원 졸업,
현 재중한인 미술협회 회장

"야! 넌 천재야! 천하의 재수 없는 놈."

우리는 초등학교 때 이러고 놀았다. 우리가 알고 있는 천재란 누에가 실을 뽑듯 알 수 없는 기호와 이론을 술술 풀어내며 세계 발전에 이바지한 사람들이다. 그러나 그들에게도 우리 '초딩'들과 비슷한 면이 있었다. 이해가 되지 않는 유치한 행동을 했다는 게 바로 그것이다. 다른 점이 있다면 그들은 판이한 결과를 내어 초딩들에게 천하의 재수 없는 자로 등극하게 되었다는 점이다.

나에게 천재란 '천하의 재수 없는 놈'이 아니었다. 내 눈에 그들은 추억의 미국 드라마 〈V〉 속 살아 있는 쥐를 먹는 외계인 다이애나처럼 비밀을 숨기고 있는 존재로 보였다. 나는 그들 역시 우리처럼 평범한 유년시절을 보내다가 비밀의 샛길로 빠져 천재가 된다고 확신했다.

내가 초등학생이었을 때 엄마는 내 눈높이에 맞는 자리에 위인전 전집을 놓아두었다. 어린 나의 눈에 책등을 감싸고 있는 위인들의 이름은 독특하게 다가왔다. 그중에서도 '베토벤, 헬렌 켈러, 에디슨'의 이국적인 이름은 발음할 때 혀끝에서 통통거리는 소리를 내어 좋았다. 그 소리에 호기심이 일은 나는 책을 꺼내들었다. 책장을 넘기다 보면 어느 순간 그들의 어린 시절을 함께 보내고 있는 나를 발견할 수 있었다. 내가 사는 동네에도 베토벤처럼 아버지 밑에서 두들겨 맞고 사는 아이가 있었고 에디슨처럼 수업 시간에 이상한 짓을 하는 아이도 있었다. 나, 그리고 내 친구들과 별반 다를 게 없었던 그들이 세월이 흘러 알을 깨고 천재로 부화하는 과정은 신기했다.

허먼 멜빌은 말한다.

"무지개에서 빨간색이 끝나고 주황색이 사라지는 정확한 지점을 알 수 있는 사람이 과연 있을까? 물론 우리 눈은 정확하게 일곱 색깔 무지개의 명확한 색상 차이를 본다. 하지만 한 가지 색이 끝나고 다른 색으로 넘어가는 지점은 과연 어디란 말인가. 광기와 제정신의 경계도 마찬가지다."

그가 말하는 광기와 제정신의 경계가 그렇다면 천재와 범인의 경계도 그럴 가능성이 다분했다. 사람들의 말처럼 천재와 바보는 정말 백지장 차이일까? 그 얇은 백지장 두께 사이에 범인들이 샌드위치처럼 끼어 있는지도 모르겠다. 어찌 됐든, 나에게 천재는 될 거 같으면서도 될 수 없는 존재와 같았다.

시간이 지나고 다양한 삶의 경험이 쌓이자 내가 갖고 있던 천재에 대한 시선도 조금씩 달라졌다. 뜻밖의 깨달음이 나에게 찾아온 것이었다.

나는 어렸을 때 공주와 다를 바 없이 자랐다. 많은 관심과 사랑을 받았지만 집안이 망하고 가세가 기울자 삶의 냉혹한

얼굴은 바로 내 코앞으로 드리웠다. 집안 어른들은 그때 마침 사춘기에 허우적거리는 나를 보고 틈만 나면 같은 얘기를 했다.

"너보다 안 좋은 조건에 있는 사람들도 많아. 그래도 너는 행복한 거야."

그들의 말에는 나의 탈선에 대한 노파심이 심어져 있었다. 그러나 그 말을 귀에 딱지가 앉을 정도로 듣게 되자 오히려 반감이 고개를 들었다. 나보다 못한 조건에 있는 사람들을 보며 얻는 잔인한 위안은 정의롭지 않았다. 나는 나와 비슷한 조건을 이겨낸 이들을 통해 희망을 품고 싶었다. 그들은 내 일상의 주변과 나를 둘러싼 책 속에 있었다. 그 속에 추락한 바닥에서 절벽을 잡고 조금씩 위로 올라오는 존재들이 보였다. 그들을 관찰하며 그 뒤를 쫓는 일은 돈도 들지 않는 해볼 만한 일이었다. 나는 그들에 대한 탐구를 통해 천재성은 사람뿐만이 아니라 모든 생명체가 가지고 있다는 걸 알게 되었다. 이러한 깨달음은 어쩌면 나에게도 천재성이 숨겨져 있지 않을까하는 꿈을 꾸게 했다.

　인간의 수명이 100세 시대를 바라보는 현재, 내 앞에도 역시 많은 시간이 놓여있었다. 나는 그것을 어떻게 쓸지 고민했다. 그러다 그 시간 동안 사물의 본질을 꿰뚫어 보려고 노력하는 삶이 대기만성형 천재가 되는 길과 맞닿아 있지 않을까 하는 호기심을 가지게 되었다. 그리하여 나는 프로파일러가 되어 내 안에 숨어 있는 천재성을 좇아 보기로 했다.

목차

2장

당신의 무지에 대해
알고 계십니까?

3장

천재의 나침반,
내면의 목소리

4장

장애물을 물리쳐
나의 꿈을 구한다

1장

1cm 성장을 위하여 나는 오늘도 하늘로 손을 뻗는다

My dream is
a genius grandmother

세상에서 제일 비싼 땅이
어딘지 아십니까?

천재, 꿈꾸는 것을 잊지 않는 사람

"세상에서 제일 비싼 땅이 어딘지 아십니까?"

어디선가 들은 질문이다. 세상에서 제일 비싼 땅이라면… 런던인가? 뉴욕인가?

답은 무덤이다. 사람들이 살아생전 이루지 못한 꿈을 안고 묻혀 있는 곳, 그곳이 세상에서 제일 비싼 땅이란다. 나는 내 무덤이 값비싼 땅이 되기를 바라지 않았다. 그 땅값을 조금 이라도 내리기 위해서는 살아 있는 동안 부지런히 꿈을 이루 는 수밖에 없었다. 그렇게 마음먹자 그동안 품었던 꿈이 머릿속에 떠올랐다.

오랫동안 지니고 있던 나의 꿈은 조종사였다. 어렸을 때 하늘 위로 날아가는 헬리콥터 소리는 순간적으로 나의 동작을 얼려 놓았다. 나는 그것이 하늘의 까만 점이 되어 멀리 사라질 때까지 넋 놓고 바라봤다. 그 당시 내가 하고 싶은 일은 순간 이동, 축지법 등등이었다. 그런 나에게 조종사는 어디든지 갈 수 있는 비밀병기와 같았다.

파일럿 다음의 꿈은 수술실 외과 의사였다. 오랜 세월 나의 외할아버지는 당뇨병 투병을 했다. 어렸을 때 그의 방 쓰레기통에는 인슐린을 놓고 버린 주삿바늘이 항상 넘쳐 났다. 내가 의사라는 꿈을 꾸게 된 이유는 그런 외할아버지의 모습을 가까이에서 봤기 때문이었다.

어느 여름날, 나는 절대 만지지 말라는 주사기를 쓰레기통에서 슬쩍했다. 훔친 주사기는 곤충에게 생체 실험을 할 때 유용하게 쓰였다. 나의 희생양이 될 딱정벌레, 풍뎅이, 거미

등등은 주변에 널려 있었다.

노 할아버지(증조할아버지) 방에는 그가 반주로 드시던 소주가 항상 있었다. 나는 그것을 몰래 주사기에 넣어 잡아 온 딱정벌레와 거미의 몸뚱어리에 주입했다. 옆에 쪼그려 앉은 동생은 시간을 기록했다.

"얘네들이 소주 마취에서 깨어나는 시간이 얼마나 걸리나 보자."

동생과 나는 한참을 기다렸지만, 우리의 예상과 달리 곤충은 깨어나지 않고 그대로 딱딱하게 굳어 버렸다. 생명이 빠져나간 그들의 몸은 낙엽처럼 바스락거렸다. 하늘을 보고 뒤집혀 있는 그들을 잘못 만지면 튀긴 과자 부스러기처럼 으스러질 것 같았다. 나의 장난이 부른 우울한 결과였다. 평소 재미로 곤충을 압사시킬 때와는 다르게 작정하고 실험해서 그들이 죽는 과정을 지켜보니 생명에 대한 무게가 남다르게 다가왔다. 그 뒤로 나는 곤충을 갖고 놀다가 죽이는 장난을 그만두었다. 돌팔이 의사도 쉬운 일이 아니었다.

　나의 중학생 때 꿈은 법의학자였다. 생명이 다한 몸을 열어 들여다본다는 건 괴기스러웠지만 남겨진 퍼즐을 찾아 살아 있던 과거를 추리한다는 사실이 신기했다. 누군가 시켜면 봉지를 골목길에 버리고 가는 모습을 보면 호기심이 일었다. 플래시로 그 안에 뭐가 있는지 들여다보고 싶었다. 하지만 그 당시 친구의 오빠가 영안실에 시체를 닦으러 다니며 들려준 이야기가 나의 호기심을 바로 매장했다. 봉지 안에는 그 오빠의 시체 이야기를 능가하는 무언가가 도사리고 있을 것만 같았다. 영안실에 들어온 시체가 목을 휙 돌리며 비명을 질렀다는 이야기는 법의학자의 꿈을 포기하는 데에 결정적인 이유가 되었다.

　내 미래의 꿈은 나의 변덕이 죽 끓듯 할 때마다 수시로 바뀌었다. 꿈과 목표를 고민하는 것은 귀찮은 일이었다. 그래서였을까. 언제부터인지 꿈을 정하는 과정이 피곤했다.

어느 날 여행하며 촘촘하게 뻗은 골목길에서 길을 잃어 헤맸던 때가 떠올랐다. 내가 서 있는 위치를 찾아내는 방법은 벽에 붙어 있는 골목 이름이 달린 표지판과 지도를 번갈아 보는 일뿐이었다. 낯선 골목길의 이름은 마구잡이로 뿌려진 알파벳을 누가 대충 잡아 붙여 놓은 듯 발음하기도 어려웠다. 나는 계속해서 길을 잃자 지도를 접어 버렸다.

'발길 가는 데로 그냥 가지 뭐. 어디로 가든 어차피 로마고 어차피 이탈리아고 어차피 유럽 안이야.'

나는 모든 길은 로마로 통한다는 것을 잊지 않기로 했다. 이 격언은 비유적 의미로 어떤 목표에 도달하는 데 다양한 방법이 있다는 뜻이었다. 꿈을 만들어 달리는 길 위에서는 길을 잃어도 좋고 새롭게 찾아도 좋다. 그저 자신의 로마로만 가면 되니 말이다. 좋아하는 여러 일을 찾아 꾸준하게 해 보는 일이야말로 천재로 가는 길이었다. 그러한 생각을 밀고 나가는 추진력만이 나의 무덤을 제일 비싼 땅으로 만들지 않는 유일한 방법이었다.

타임머신을 타고
천재들과 즉흥 만남

내 안의 천재를 만날 수 있는 방법, 독서

그림을 그리다 막히는 순간에는 과거와 미래를 여행하는 타임머신을 만들어 타고 르네상스로 가고 싶다는 생각을 한다. 몰래 구한 시체를 어두컴컴한 지하실로 가져가는 레오나르도 다빈치, 그가 촛불 하나에 의지해 시체를 해부하며 그림을 그리는 역사적인 장면 속에 함께 할 수 있다면 얼마나 짜릿할까 하고 상상한다.

나의 타임머신 탑승 목적은 대가들의 작업 현장을 어깨너머로 엿보기 위함이었다. 그들의 지식을 훔치는 미래에서 온 스토커, 그게 바로 나였다.

사람들은 멘토가 있으면 살면서 도움이 된다고 종종 말한다. 그래서 나도 멘토 채용 리스트를 만들어봤다. 그것이 얼마나 힘든 일인지 해 보고 알았다. 현실 속 멘토는 별로였다. 존경받던 인물이 시간이 지나 나와 똑같은 허점투성인 사람이라 느꼈을 때 실망이 너무 컸기 때문이었다.

반대로 지금까지 천재로 검증된 대가들의 좋은 점은 넘쳐났기에 나는 그것을 종합 선물 세트처럼 모아 답습하기로 했다. 하지만 아무리 과학이 발달했다 한들, 인터넷으로 탑승권을 예약하고 발권하여 타임머신에 오르는 일은 불가능했다. 그렇기에 천재들과의 만남을 주선할 좀 더 현실적인 방법이 필요했다. 그 방법은 독서만이 유일했다.

독서를 시작하면 내가 만나고 싶던 천재들이 나의 머릿속에 옹기종기 자리를 잡고 앉았다. 그들과의 인터뷰는 그렇게 시작되었다. 나의 얕은 지식을 바탕으로 만든 질문지의 수준은 형편없었지만 그들은 내가 가라고 할 때까지 토 달지 않고 고분고분하게 잡혀 있었다. 곧 부담 제로, 스트레스 제로,

내 맘대로 인터뷰였다.

(프로이트에게) 별일 아닌 일에 기분 상했다고 소심하게 삐쳐 잠적하는 인간형은 도대체 어떤 유아기적 트라우마를 앓고 있는 거야?

(베토벤에게) 그 불멸의 연인은 누구였어? 눈 감기 전 그 순간에도 그 연인과 함께하지 못한 후회하는 순간이 떠오른 거야? 며칠 동안 자발적 고립을 하며 영감을 따라 오선지에 작업할 때 열정의 화염은 어떻게 다스렸어? 그냥 그것에 잡아먹히게 놔둔 거야? 그래서 성격이 더 나빠진 건가?

(칸트에게) 정확한 시간에 산책했다는 마을 주민의 기록이 있던데, 그렇게 강박적으로 시간을 지키려면 그전부터 어떻게 준비해? 옷 다 입고 문 앞에 좀 앉아 있다가 시간에 딱 맞춰 나간 건가? 시간 지켜 산책하는 습관을 다른 일을 할 때도 적용해?

(뉴턴에게) 밥 먹는 일도 잊고 작업했다는데 혈당 떨어지고 탈수 증세 오면 몸이 힘들지 않아? 그때 내가 왜 밥을 안 먹었을까, 앓아눕고 후회한 적 없어?

천문학적인 몸값을 가진 천재들을 내 맘대로 앉혀 놓고 이상한 질문지를 돌리며 노는 시간은 신나고 흥분되었다. 그렇게 놀다 보면 정말 궁금한 질문들은 며칠이고 머리에 남아 시도 때도 없이 튀어나왔다. 나의 궁금증은 눈덩이처럼 뭉쳐져 그 무게를 견디지 못하고 나를 찍어 눌렀다. 하지만 나에게는 언제나 책이라는 타임머신이 있었다. 그렇게 책은 나에게 천재들을 만나게 해 주는 오작교가 되었고 그들의 생각법을 들여다볼 수 있게 해 주는 현미경이 되었다.

평정심을 향한 정리정돈

천재가 되기 위한 첫걸음,
외면과 내면의 정리정돈

어릴 적 내가 생각하는 화가는 이랬다.

1. 주변이 정리되지 않아 기거하는 곳이 더럽고 화가 자신도 꾀죄죄하고 지저분하다.
2. 성격 파탄의 괴짜에 밤낮이 바뀌어 살고, 골초이거나 술고래다.
3. 욕정에 따라 막산다.
4. 덥수룩한 수염을 기르고 머리를 길러 꽁지머리로 묶고 다닌다. 다소 난해한 의상으로 활보하며 예술한다는 티를 여기저기 내고 다닌다.

5. "왜 저래?"라는 일반인들의 비난에 "나? 예술하는 중!" 하며 모든 행위를 예술로 변명한다.

　물론 예외도 있었지만 나에게 그림을 가르쳐 주신 선생님 대부분은 놀랍게도 정갈하고 우아하며 자기 관리에 뛰어난 사람들이었다. 그들이 사는 공간은 아름답게 잘 정리되어 쾌적했다. 그들은 자신만의 확실한 루틴이 있었으며 조용하지만 자기 목소리를 낼 줄 아는 사람들이었다. 자신이 직접 화가라고 말하기 전에는 별로 티가 나지 않는 독특한 분위기를 풍기는 학자 같기도 했다. '화가라면 이럴 것이다.'라고 생각했던 내가 부끄러웠다.

　까만 피부에 레게 머리를 하고 다녔던 나는 다른 사람들에게 "왜 저래?"라는 말을 많이 들었다. 그들 눈에 나는 툭하면 배낭을 메고 지구의 동서남북으로 출몰하던 도깨비였다. 그러던 내가 그림을 그리기 시작한 후 배낭을 처분하고 집 앞 슈퍼도 멀다고 생각하는 집순이가 되었다. 그림을 그리는 행위는 중국 강시의 이마에 붙은 부적처럼 나를 순식간에 잠잠

하게 만들었다. '나 지금 예술하는 중.'이라는 허영 가득한 핑계를 대지 않기 위해 나의 태도를 단정하게 하는 노력은 중요했다.

앞에서 얘기한 외면 정리뿐만 아니라 내면 정리정돈의 가치를 느낀 경험이 있었다. 퇴근 후 업무의 연장선이었던 저녁 술자리였다. 나랑 같은 공간에서 일하던 한 여자는 술이 얼추 들어가자 구두를 벗어 던지고 테이블에 올라갔다. 주유소 입구에 서 있는 풍선처럼 사지를 동서남북으로 휘청이는 그녀를 끌고 내려오는 일은 나의 몫이었다. 그녀는 평소 아끼는 구찌 가방을 길바닥에 질질 끌며 기다가 걷다가를 반복하였다. 평소 새침한 프로의 모습을 보여 준 그녀의 반전은 충격적이었다. 그 사건은 나에게 남들 앞에서 절대 만취한 '개'가 되지 말자고 다짐하게 했다. 그 이후 나는 술자리마다 개가 된 인간들을 집에 보내 주는 수호자가 되었다.

술은 사람의 외면과 함께 내면까지 들쑤셔 놓아 깊숙하게 숨겨져 있던 못난 자아에 갑질하는 용기를 심어 주었다.

그날도 나는 협회 전시 뒤풀이 후 술을 거하게 마신 전시 관계자들과 인사를 하며 그들을 챙겨 보내 주고 있었다. 우리가 서 있는 곳은 행인들이 지나가는 길가였고 귀가를 기다리던 전시 관계자와 정부 인사들도 있었다. 주사가 있기로 소문난 작가는 이미 만취 상태였다. 술자리에서도 위태위태한 모습을 보이던 그 작가가 더 실수하기 전에 그녀의 보호자를 불러야 할 상태였다. 나는 그녀에게 다가가 보호자의 전화번호를 물었다. 그녀는 갑자기 뒤로 돌아서더니 그 자리에서 다짜고짜 내 뺨을 날렸다. 그 아침 드라마 같은 상황에 사람들은 모두 놀라 헉했고 그 당시 무에타이를 배우고 있던 나는 잠깐 고민했다.

'로우킥으로 차 버릴까?'

내가 거기서 주사를 부리는 작가에게 그동안 배웠던 온갖 킥을 날렸다면 막장 협회라는 소리를 들었을 게 뻔했다. 시궁창같이 더럽게 퍼질 소문은 당연했다. 나는 그 자리를 모면하기 위해 옆 골목으로 들어가 화를 삭켰다.

협회 내 그녀의 주사에 대해 소문은 공공연한 비밀이었다. 그럼에도 그 작가가 정신이 멀쩡했을 때는 나름의 프로의식을 갖고 작업했고 내 눈으로 그녀의 주사를 직접 보지 않았기에 나는 그 소문을 듣고 흘렸다. 만취해서 외면과 내면이 모두 깨진 그녀의 모습은 4차원의 세계에서 온 괴생물체 그 이상이었다. 자신을 인간다운 인간으로 완성하기 위해서는 이성적인 정신과 행동이 수반되어야 했다.

그러나 앞선 예시와는 다르게 술만이 문제가 아닌 사람들도 많았다. 그들은 때때로 술을 먹지 않아도 만취로 보였다. 나이가 들어 모든 사람이 자기의 기분을 맞춰야 한다는 듯 행동하고 말을 지르는 사람도 자주 마주쳤다. 그렇게 멀쩡한 상태에서 내면이 어수선한 사람은 어디에나 있었다. 그런 사람과의 거리는 점점 멀어졌고 관계는 정리되었다. 감정의 널뛰기를 하는 사람과 같이 있으면 그 사람의 '오늘의 날씨'가 어떤지 눈치를 봐야 하기 때문이었다.

나에게 내면을 정리정돈하는 일은 항상 자신에게 관심을

두고 보초 서는 일이라 피로하지만 가장 중요한 일이었다. 또한, 차곡차곡 쌓이는 온갖 감정과 정신의 쓰레기는 예술이라는 환경미화원의 도움을 받아 걷어 냈다. 천재가 되기 위한 과녁의 중심을 맞추기 위해서는 평정심이 관건이었다.

내면의 정리정돈 이후 나는 내가 사는 공간이 흐트러지면 잠시 작업을 멈췄다. 어지러운 공간은 사람의 내면까지 영향을 미치기 때문이었다. 그래서 주기적으로 사용하지 않는 물건을 정리하거나 분리수거를 했다.

내가 직접 더럽고 어수선하게 살 것 같은 화가의 길을 가면서 느낀 점이 있다. 살면서 개개인의 가정교육이나 스스로 터득한 생활 습관만 있을 뿐 특정 직업군의 스테레오 타입은 없다. 모든 일의 첫걸음은 '수신제가 치국평천하.'가 아닐까.

이제 무엇을 하든지 나의 하루 채널은 먼저 이성적인 주파수를 찾아 맞춰진다. 그리고 나서 나의 현재 내면 상태를 살핀 후 몸을 깔끔하게 하고 집 안을 정리한다. 그것이 꿈을 이

루는 과정의 기본 중의 기본이다. 그래서 나의 천재 할머니
가 되는 과정의 첫 단추는 일어나면 오늘의 내 기분을 살핀
후 이부자리를 정리하는 일이다.

북경에서 만난 우공 1호

천재는 인내한다

북경에서 어학연수를 할 때였다. 같은 반이었던 한국인 오빠는 내가 쓰던 기숙사 옆방에 살았다. 그는 마당만 잘 쓸 것 같은 고집 센 돌쇠형 인간이었다. 게다가 선생님의 질문에 늘 동문서답을 하던 사오정이었다. 틀린 답을 큰 소리로 대답하며 불타는 고구마처럼 얼굴이 빨개지면서도 굴하지 않았던 그였다. 시간이 지나자 다른 나라에서 온 아이들도 그의 굼벵이 뺨치는 학습 속도에 수군대기 시작했다. 나는 살면서 그처럼 더딘 사람을 본 적이 없었다. 그는 하나를 배우면 배우는 즉시 잊어버렸다.

'저 오빠는 얼마나 답답할까, 나라면 어떻게 했을까, 공부를 포기했을까 아니면 열받아 쓰러졌을까?'

그가 사오정으로 둔갑해서 교실 분위기를 영하 날씨로 만들 때마다 나는 잠시 그의 입장으로 살아봤다. 돌쇠 사오정은 수업이 끝나면 총알처럼 가방을 챙겨 기숙사에 있는 자기 동굴로 기어들어가 나오지 않았다.

갑자기 그라는 인간에 대해 궁금증이 솟아올랐다. 내가 틈 날 때마다 각종 이유를 대며 그의 동굴 문을 두드렸을 때 그의 책상에는 항상 스탠드가 켜져 있었다. 책상 위에는 책이 반듯하게 펼쳐져 있었다.

'아니, 세상에. 저렇게 공부하는데 수업 시간마다 딴소리하는 거야?'

매번 나의 노크 소리에 문을 연 그는 놀랍게도 공부를 하고 있었다. 빌려야 할 물건과 문을 두드릴 핑계가 떨어지자 그동안 그에게 궁금했던 점을 단도직입적으로 물어보기로 했다.

"오빠는 나중에 뭐 하고 싶어? 공부 포기하고 싶지 않아?"

"나는 여기서 중국어를 배운 후 미국에 가서 영어를 배워 선교활동을 할 거야."

세상에, 중국어도 하나 배우면 금세 잊어버리고 그리 헤매는데, 미국에 가서 영어를 한다고? 게다가 그 물가가 비싸다는 미국에 가다니. 그의 꿈을 알고 나니 말문이 막혀버렸다. 그날 이후 난 그에 대한 염탐을 멈췄다.

나는 계속 월반을 했고 학교를 옮겨 다시는 그를 보지 못했다. 세월이 지나 북경 사오정이 내 머릿속에 떠올랐다. 문득 그가 어떻게 살고 있을지 궁금해져 SNS에서 그를 찾아보았다. 사진마다 그는 환하게 웃고 있었다. 그는 나에게 말한 대로 미국에서 선교사가 되어있었다. 그때 그의 사진을 보고 느꼈던 전율은 지금도 생생하다. 그는 '우공이산'의 우공이었다.

그 뒤 종종 다른 모습을 한 '우공'이 내 앞에 나타났다. 그들은 느림의 미학을 갖고 있었다. 우공은 자신의 느린 속도에 한숨을 쉬며 잠시 지치더라도 절대로 멈추지 않고 자신의 길을 꾸준히 갔다. 북경에서 만난 우공 1호 이후 다른 우공과의 만남은 나에게 행운으로 다가왔다. 나는 진심으로 그들을 존경하게 되었다. 그들의 멈추지 않는 노력과 꾸준함은 나에게 큰 가르침을 주었다. 그들은 각자의 인생에서 천재로 환하게 피어났다.

프랑스 철학자 뷔퐁(Buffon)은 말했다.

"천재란 인내할 수 있는 위대한 자질에 지나지 않는다.
(Genius is nothing but a great aptitude for patience.)"

그의 말처럼 천재가 되려면 포기하지 않고 온 힘을 다해 배우려는 자세와 자질만 있으면 되었다. 내가 북경에서 만난 사오정 우공 1호는 인내하는 천재였다. 그는 무엇을 하든지 어디에 있든지 포기하지 않는 천재가 되어 빛나고 있을 것이다.

삶의 지도를 만드는
생각과 말

천재, 변명하지 않는 사람

어렸을 때 부모님의 사업 확장으로 집에 부도가 났다. 집안의 가구에는 빨간딱지가 부적처럼 무섭게 붙여져 있었다. 귀신이 사는 집 같았다. 빚쟁이들은 피라냐처럼 밤낮을 가리지 않고 몰려들었다. 나는 갑자기 훅 들이닥친 삶의 파도에 이리저리 쓸려 다니며 주위의 모든 것을 미워하고 화에 불타올랐다. 부정적인 마음의 끝에는 행복하게 보이는 타인에 대한 질투가 있었다. 내가 어떻게 할 수도 없는 상황에 놓인 짜증과 분노가 끓어올랐다. 무기력한 상황에 빠진 자신이 비련의 여주인공처럼 가련하게 느껴졌다. 나는 나를 부정적인 액자 안에 가두었다. 그곳은 나의 도피처였다. 나는 그 안에 들어가 자물쇠를 걸어 잠그고 나오려고 하지 않았다.

"숫돌을 갖고 와야 했어. 갖고 왔어야 하는 게 한두 가지가 아니야.' 노인은 생각했다. "하지만 이보게 늙은이, 자넨 이미 그것들을 갖고 오지 않았어. 지금은 없는 걸 생각할 때가 아니야. 있는 걸로 뭘 할 수 있을지 그거나 생각하도록 해.'"

있는 걸로 뭘 할 수 있을지 그거나 생각해라….

그 당시 내가 읽고 있던 책 『노인과 바다』에서 노인의 목소리가 나의 마음을 울렸다. 그 목소리는 상대방에게 향하고 있던 눈을 나에게 돌리게 했다. 나는 내가 할 수 있는 반경에서 내 삶을 바꾸기로 했다.

평소에 자주 쓰는 단어부터 적었다. 나의 우울한 상황을 비추는 전등의 전원이 거기에 있었다. 그 사실을 알게 되자 조금씩 긍정적인 단어들이 내 삶에 심어졌고 낙관적인 생각이 삶의 양지를 비추었다. 그러자 일상의 작은 변화가 일어나기 시작했다. 하루를 시작하는 나의 기분이 바뀌며 얼굴표정도 밝아졌다. 마침내 내 인생에 불어오던 우울한 바람이 서서히 희망의 순풍으로 바뀌기 시작했다.

내가 오랜 외국 생활을 마치고 한국에 돌아왔을 때 나는 사람들과의 대화 중에 그들이 즐겨 사용하는 단어를 관찰했다. 그들의 대화에는 늘 빠지지 않고 '여기 한국 엄마들은, 한국 여자들은, 한국 사람들은, 한국 문화가 이래서.'라는 말이 자주 등장했다. 그들은 자신에게 동조하지 않는 내가 외국에 오래 살아서 현실감이 떨어지는 이야기를 하고 있다고 단정했다.

내가 외국물을 먹고 그곳의 영향을 받아서가 아니라 평소 쓰는 단어를 검열하고 생각하는 방향을 튼 사실이 나의 삶을 다시 만들었다. 그런 방법을 통해 진흙탕에 계속 처박혀 있었던 내 삶의 노선은 바뀌었다.

내가 초등학교 때부터 줄곧 지녀 온 꿈이 있었다.

1. 과테말라에 간다.
2. 서른 전에 3개국 언어를 한다.
3. 이탈리아에 가서 곤돌라를 탄다.

이겨내기 쉽지 않은 막막한 현실에 적응하는 방법은 꿈을 쥐고 있는 나를 달래며 협상을 시작하는 일뿐이었다. 그냥 눈 감고 귀 막고 꿈에 대해 모르는 척 사는 삶의 예시는 주위에 넘쳐났다. 대학 졸업하고 결혼하고 애 낳고 애 키우고. 내가 생각할 수 있는 평범한 삶은 그랬다. 머릿속으로 나의 평범한 삶을 그리면서 사고의 물길을 따라가는 일은 쉬웠다. 사고의 맨 마지막 장면에는 내 얼굴을 한 여자가 정신병원의 창문 철장을 통해 밖을 내다보고 있었다. 협상 결렬.

미켈란젤로는 말했다.

"나는 조각을 할 때 대리석 안에 갇혀 있는 인물을 해방하는 것이다."

그가 만약 그 앞에 놓여 있는 대리석의 크기에 압도당해 불평불만을 늘어놓거나 이래서 못해 저래서 힘들어 변명을 찾았다면 오늘날의 다윗 조각은 없었다. 미켈란젤로가 5미터가 넘는 대리석 안에 갇혀 있는 다윗을 드러내게 한 것처럼 나도 내 안에 갇혀 사는 나를 해방하려 시도했다. 먼저 내가 하고 싶은 일만 떠올리며 시작한 이미지 트레이닝은 신의 한 수였다. 자동으로 학교 교실에서 할 일이 없어 심심한 인간들이 내뱉는 나에 대한 쓸데없는 수군거림이 들리지 않게 되었다.

나는 또 오랜 기간 형성되어 나를 가두고 있는 자기 방어 프레임을 내려놓았다. 남들이 내 험담을 하면 '그래, 까라 까.' 했다. 개가 짖을 때마다 갈 길 멈추고 일일이 다 대꾸하면 갈 길 못 가는 건 당연했다. 할 수 없다는 변명이 스멀스멀 올라오려 하면 바로 생각을 끊어 내고 할 수 있는 작은 일을 나열했다.

시작하지 않으면 아무 일도 바뀌지 않고 일어나지 않았다.

삶의 무게가 쓰나미처럼 몰려와 짓누른다고 해도 '까짓것 일단 해 보자.' 하고 시작했다. 그렇게 조금이라도 움직이다 보면 늪지대에 빠져도 앞으로 나아갔다.

오늘도 내 삶의 천재 미켈란젤로는 나 자신이다. 나를 늘 따라다니는 하지 말아야 할 변명과 이유가 속삭이면 대꾸하지 않고 무시한다. 오직 갇혀 있는 나를 해방하여 작품으로 만들기 위한 망치질만이 계속될 뿐이다.

배움, 삶의 에어백

집에 부도가 난 이후, 우리의 형편은 응급실에서 중환자실로 이동되었다.

어느 여름날 오전, 엄마는 나에게 빈 책가방을 메어 주며 아는 이모 집에 다녀오라고 했다. 나와 동생은 그 집 애들과 한참 놀다 날이 어둑어둑해져서야 집에 돌아오게 되었다. 내가 메고 간 빈 가방 안에는 통조림이며 쌀이며 음식이 잔뜩 들어 있었다. 나는 6학년이었지만 바로 알아챘다. 내 어깨를 짓누르는 가방의 무게가 이제 나의 삶의 무게가 되리라는 것을.

개인의 삶의 무게를 결정하는 자는 돈이었다. 그때부터 돈을 경영하기 위한 가계부 쓰기는 내 삶의 일부분이 되었다. 나의 소비 목록은 가계부 안에서 훤히 드러났다. 멀쩡하던 집이 망하고 돈이 없어지자 내가 하고 싶은 일에 제약이 생겼다. 돈에 쪼들리며 사는 삶에 정신은 점점 피폐해졌다. 그때 깨달았다.

'물질은 언제나 빼앗길 수 있구나.'

그 경험은 나에게 물질을 좇으며 사는 삶보다 배우는 일이 더욱 값지다는 교훈을 알려 주었다. 물건을 사면 가치가 떨어졌지만 나에게 투자하면 전문성과 인맥이 생겼다.

중국에서 대학을 마친 후에도 나의 형편은 그리 나아지지 않았다. 나의 경제적 상황이 좋지 않아 이대로 멈추면 쓰러져 다시는 일어서지 못하리라는 사실은 불 보듯 뻔했다. 다달이 조금씩 용돈을 모아 만들어 놓은 돈은 백만 원 정도 되었다. 그 돈과 집에서 지원받은 런던행 왕복 비행기표는 나의 미래에 대한 투자였다. 그것을 계기로 나의 경제적 독립은 얼떨결에 이루어졌다. 런던 생활은 힘들었지만 운이 좋았다. 학업은 일을 찾아 돈을 벌며 이어 나갈 수 있었다.

영어 수업 시간에 선생님이 우리에게 만약 1억 파운드(지금 한화로 약 18,590억)가 생기면 무엇을 할 건지 물었다. 로또를 산다, 여행을 간다, 부동산에 투자한다는 각양각색의 답이 나왔다.

나는 각 방면의 프로를 찾아 그들에게 배우고 실력을 쌓아 나의 몸값을 올리는 일에 그 돈을 쓰겠다고 말했다.

일찍이 한철 호화스럽게 산 베짱이의 겨울이 얼마나 혹독한지 알았기에 내 생활에 과소비, 충동구매, 욜로족은 없었다. 돈은 가계부를 써서 관리하고 모았다.

"가진 것은 누가 와서 도둑질해 가면 그만이여. 근데 머리에 들어간 배움은 아무도 못 갖고 가. 그래서 사람은 평생 배워야 하는 거여."

어렸을 때 내내 듣고 자란 할머니의 말씀이 내 피 안에 돌아다니고 있었다.

집안 형편이 되지 않는 악조건 속에서 악착같이 모은 돈은 배움에 썼다. 그 배움이 언젠가 거미줄처럼 연결되어 나에게 천재 할머니로 거듭날 수 있는 열쇠를 주지 않을까 상상하면서 나는 배움에 사치를 했다.

24시간을 신권처럼

천재는 일상의 매 순간을 엮는다

매일 새벽에 눈을 뜨면 신권 24시간이 세뱃돈처럼 손에 쥐어져 있었다. 나는 나에게 온 오늘의 이 24시간을 어떻게 쓸지 고민했다.

일어나 새 시간을 받으면, 어제 이불을 깨물며 '아악!' 소리를 지른 사건도 아무렇지 않게 제자리에 가 있었다. 그렇게 다시 하루를 시작할 수 있는 에너지가 선물처럼 생겼다.

과거에 내놓으라 하는 천재들의 하루 시간도 24시간이고 미래에 천재가 되고 싶은 내 시간도 24시간이었다. 나는 천재들의 24시간을 생각하며 하루를 촘촘하게 꾸리려고 했다.

'지금 이 시간을 낭비하고 있나?'

이러한 질문은 늘 내 머릿속을 맴돌고 있었다. 시간이 날 때마다 멍을 때리고 있으면 나의 무의식은 내가 무엇을 좋아했는지 나에게 알려 주었다. 새로운 시간을 받는다는 일은 늘 재미있고 신났다.

만나는 약속을 하면 꼭 지각하는 친구들이 있었다. 지각이 필수인 그 친구들을 만나는 시간은 짜증의 연속이었다. 내가 작정을 하고 5분 늦게 나가면 그들은 어떻게 알았는지 10분을 더 지각했다. 그들은 내가 쉽게 경쟁을 할 수 있는 존재가 아니었다. 괘씸한 생각이 싹터 올랐다.

이렇게 시작하는 만남의 과정과 끝은 항상 좋지 않았다. 열받은 내가 뒤끝을 부렸기 때문이었다. 괘씸함의 씨앗은 다른 부정적인 생각을 자라게 했다. 내가 얼마나 쉽게 보이면 약속 시각에 매번 지각하는지 싶었다. 결국, 나는 블랙리스트 목록을 만들어 관계를 처단할 사람의 이름을 올리기 시작했다. 그러다 보니 만나는 사람마다 그 사람의 나쁜 점에 초점이 맞춰졌다. 나쁜 에너지는 자석이 되어 부정적인 사건들을 쇳가루처럼 들러붙게 했다.

　모든 일은 마음먹기에 따라 각도가 달리 보인다는 사실을 깨닫는 사건이 있었다. 나는 집에서 만화책을 읽다 친구와의 약속을 기억했다. 다 끝내지 못한 시리즈는 손에서 내려놓고 다음을 기약해야 했기에 아쉬운 마음이 들었다. 그러다 늘 늦는 이 인간이 오늘도 늦게 올 수도 있겠다 싶어 읽고 있던 만화책을 챙겨서 나갔다. 친구를 기다리며 길거리 계단에 쭈그리고 앉아서 하는 독서는 꿀맛이었다. 처음으로 기도하며 읽었다.

　'늦게 와라. 늦게 와라.'

　그 뒤로 나는 지각하는 사람을 보자마자 짜증을 내 같이할 시간을 망치기보다는 기다리는 시간 동안 읽을 수 있는 신문이나 책을 가져갔다. 그 시간을 뜻밖의 보너스라고 생각했다. 읽을거리가 손에 있으면 만나기로 약속한 사람이 늦게 오는 상황이 생겨도 정신적으로 여유로워졌다. 뒤끝도 사라졌다. 그런 경험을 통해 붕 떠 있는 시간을 엮는 법은 자연스럽게 내 삶에 스며들었다.

스티브 잡스는 모든 점은 결국 연결된다고 말했다. 나중에 연결한 점이 어떤 그림으로 맞춰질지 보려면 매 순간 점을 열심히 찍어야 했다.

나는 매일 24시간 동안 여러 개의 점을 찍으려 노력했다. 내가 지금까지 찍었던 점 중에는 세월이 지나면 흐리고 바래는 자국도 있었고 막 묻힌 잉크처럼 진하게 남아 있는 점도 있었다. 점찍는 일은 생각만큼 쉽지 않았다. 그렇기에 잠이 들기 전 나를 칭찬하고 토닥이며 하루를 마무리하는 순간은 중요했다.

'잘하고 있어. 괜찮아.'

혹시 이 점들이 모이면 나중에 '천재 할머니'라는 큰 그림으로 맞춰져 있을까? 물음표를 보내자마자 바로 내 마음에서 소리가 들렸다.

'꿈 깨!'

하긴, 천재 할머니가 되는 게 쉬운 길이면 누구나 금세 도착했겠지.

2장

당신의
무지에 대해
알고 계십니까?

My dream is
a genius grandmother

'왜?'라는 새끼를 쳐야 한다

천재는 '왜'라는 이정표를 따라 새 길을 낸다

기억이 있는 순간부터 궁금한 일들은 내 주위에 널려있었다. '왜? 어째서?'라는 물음은 시도 때도 없이 나왔다. 때때로 내가 질문하면 너의 '이상한' 질문이 불편하다며 눈빛과 몸짓의 언어로 귀찮음을 내비치는 사람이 있었다. 반면에 '왜 그런 질문을 하느냐'고 역질문하는 사람도 있었다. 일명 꼰대라고 불릴 만한 요소를 가진 사람은 나의 질문 폭탄을 깐족거린다고 표현하기도 했다. 그렇기는 해도 나의 질문은 순도 99.9%의 호기심으로만 꽉 차 있었다.

'사람은 왜 태어날까? 사람은 왜 죽을까? 물고기는 왜 물

에서 살까? 공룡이 죽지 않았다면 지금까지 살고 있을까?'

내가 어렸을 때 질문을 쏟아 낼 때면 엄마는 종종 고산병에 시달리는 사람처럼 산소부족인 표정을 하고 신경질적으로 말했다.

"그만 얘기해! 크면 다 알아!"

사람들이 크면 모든 질문에 척척 답을 내는 인간 슈퍼컴퓨터가 될 줄 알았다. 빨리 커서 어른이 되고 싶은 이유는 그 하나뿐이었다. 그런데 웬걸, 어른이 되었다고 해서 모든 걸 알 수는 없었다. 이럴 줄 알았으면 물어보지 말고 적어둘 걸 그랬다. 쌓여 있는 질문들의 답을 책에서 찾아 지워가는 그 과정이 나에게 비료가 되지 않았을까.

사람들이 내 질문에 속 시원한 대답을 해 줄 수 없거나 내 질문 세례를 불편하게 느낄 즈음 나는 책과 가까워졌다. 책은 온갖 이상한 질문을 해대는 우스꽝스러운 나의 모습을 보여 주어도 불편한 기색을 내비치지 않는 한결같은 친구였다.

도서관과 골목길 헌책방에 쌓여 있는 책은 나의 '왜?'에 대한 대답을 품고 있었다. 내가 질문에 대한 답을 알아내면 알아낼수록 신기하게도 물음표는 점점 더 쌓여갔다. 문득 나이가 들어도 모든 질문에 대한 답은 찾을 수 없으며 나이에 비례하여 질문도 기하급수적으로 늘어난다는 진리를 알게 되었다.

천재는 끝까지 살아남아 존재하는 모든 '왜?'에 척척 대답하며 인생이라는 게임을 끝낸 자가 아니었다. 그들은 물음표의 이정표를 따라 정글 속에 빽빽하게 자란 풀을 헤쳐 인생에 길을 내는 자들이었다.

지우고자 하는 '왜?'가 가득 있는 삶이야말로 갓 잡아 올린 물고기처럼 파닥파닥 살아 있는 삶이 아닐까 했다. 혹여 내가 큰 깨달음을 얻어 천재 할머니가 되는 연금술을 발견했다 해도 여전히 '크면 다 알아!'는 나를 괴롭히고 있겠지.

2장 당신의 무지에 대해 알고 계십니까?

치열한 맨땅에 헤딩

천재, 목표를 한 점에 두고 달리는 미친개

    어렸을 때부터 사람들의 목소리 톤, 성량, 발성에 대한 관심은 나의 주의를 끌었다. 좋은 목소리는 나를 다른 세계로 순간 이동시켰다. 그런 나에게 성우는 자연스럽게 미래의 꿈으로 다가왔다. 나의 놀이는 클래식 음악을 틀어 놓고 영어 노래 가사를 낭송하는 것이었다. 그 당시의 모든 외화는 성우 더빙이어서 나는 외국어를 접할 기회가 많지 않았다. 그럼에도 집안에 다양한 음악을 항상 틀어놓는 식구들의 영향으로 외국어의 소리가 멋지다는 사실은 알고 있었다.

    중학교에 올라가고 처음 맞는 영어 시간이었다. 성대의 낮

선 곳에서 울려 나오는 이국적인 소리는 상당히 매력적이었다. 첫 수업 시간부터 영어는 구미호가 되어 숲속에서 길을 잃고 헤매는 나그네를 유혹하듯 나를 홀렸다. 영어 교과서는 하도 들고 다녀 너덜너덜해져 있었다. 흘러간 팝송 가사는 깜지처럼 공책의 칸을 빼곡하게 메꾸었다. 나는 등하교 시간에 그것을 들고 다니며 흥얼거렸다. 영어는 내 삶의 중심으로 조금씩 이동했고 그렇게 나는 반에서 영어를 잘하는 아이가 되었다.

가뭄에 콩이 나듯 외국인이 내 눈에 띄면 나는 그에게 무조건 돌진했다. 인터뷰할 질문들은 이미 내 머리 안에 준비되어 있었다. "어디서 왔어요?", "이름은 뭐예요?" 등등 나의 인터뷰는 상대방이 원하건 말건 일방적인 자기소개와 더불어 강력반 형사의 취조와 흡사했다. 다른 언어를 쓰며 사는 세상은 나에게 놀이동산처럼 느껴졌다.

내가 중, 고등학교 때 자주 다니던 도서관은 산꼭대기에 있었는데 그 주위에는 가끔 엄청나게 두꺼운 책을 든 채 중

얼중얼 주문을 외우고 다니는 산발한 아줌마가 나타났다. 여기저기 수군거리는 아줌마에 대한 정보에 의하면 그녀는 사법 고시를 준비하다 계속 떨어져 정신에 문제가 생겼다고 한다.

그 아줌마에게서 미래의 내 모습이 보였다. 한국을 떠나 영어를 쌀라거리며 세계 모험을 꿈꾸는 나 역시 꿈을 이루지 못한다면 그녀처럼 정신줄을 놓을 것이 분명했다. 한번 보면 잊지 못할 키메라 화장에 호피무늬 옷을 두르고 이민 가방을 질질 끌고 다니는 여자는 나였다. 눈이 마주치는 사람마다 "오~ 웨어 알 유 프롬?"을 외치며 공항 근처를 돌아다니는 한 맺힌 여자가 될 확률이 높았다.

그 법대 아줌마가 왜 정신을 놓았는지 알 수 있었다. 그녀는 간절하게 원하는 일이 계속 틀어지자 출구 없는 절망감에 먹혔다. 내가 나의 욕망에 사로잡혀 미치지 않기 위해 나는 내가 하고 싶은 일을 철저히 준비하고 실행해야 했다. 그러나 사방이 막혀 컴컴한 곳에 있는 어린 나에게 내가 원하는 꿈을 이루려면 어떻게 해야 할지에 대한 명확한 답은 보이지 않았다. 다만 '어떻게?'라는 물음을 품고 계속 꿈을 붙들고 배움에 탐구했다. 막연하게 가졌던 지적 허영심에 대한 갈증은 나의 동아줄이었다.

내가 읽은 위인전 안의 천재들은 원하는 목표가 있으면 그것만 초집중해서 팠다. 그들의 열정은 신기하게도 나의 호기심을 불러일으켰다. 그들은 안 되는 사실을 알고도 끊임없이 사색하고 파고들었다. 나는 천재들과 비교해서 턱없이 부족하지만 그들의 열정을 따라 해 봐야겠다고 결심했다.

수류탄 편지

천재라는 싹은 허영심의 뿌리에서도 나온다

내가 첫 연애편지를 쓴 시기는 고1 때였다. 편지의 수신인은 학교 여자애들에게 많은 관심을 받고 있던 합창부 친구였다. 그 애와 나는 축제 때 올릴 연극을 연습하며 가까워졌다. 우리는 축제가 끝나자 매일 아침 일찍 버스 정류장에서 만나 같이 등교했다. 어느 날 아침 그 애가 그랬다.

"너에게 편지를 받고 싶어."

편지를 받고 싶다는 그 애의 말은 내가 그동안 책에서 감동받았던 내용과 구절을 싹 다 적어 놓은 노트를 펼치게 했다. 그 애에게 그 안에 담은 주옥같은 내용을 죄다 퍼다 나르고 함께 공유하고 싶었다. 나의 연애편지 작문 시간은 매일 밤 자율학습 후 집으로 돌아와 시작되었다. 편지는 신명 나게 써 내려갔다.

내가 그때 집중해서 읽었던 책 중 하나는 생텍쥐페리의 『어린 왕자』였다. 전쟁 비행기 조종사였던 특이한 작가의 이력은 모험을 꿈꾸고 있던 나를 매료시키기 충분했다. 작가는 비행하다가 사막에 추락해 닷새 동안 그곳을 걷다 극적으로 구조되었다.

그는 추락한 후 구조되기 전까지 낮에는 끝없는 모래벌판과 밤에는 하늘에 촘촘하게 박혀있는 별에 갇혀 있었다. 작가가 이런 비현실적인 공간과 상황에서 어떤 환각 상태에 이르러 어린 왕자와 사막여우를 만나지 않았을까 싶었다. 나의 호기심은 끓어올랐다.

"길들인다는 게 뭐지?"

"그건 사람들이 너무나 잊고 있는 건데… 그건 '관계를 맺는다'는 뜻이야."

여우가 말했다.

"관계를 맺는다고?"

"물론이지."

여우가 말했다.

"넌 나에게 아직은 수없이 많은 다른 어린아이들과 조금도 다를 바 없는 한 아이에 지나지 않아. 그래서 나는 널 별로 필요로 하지 않아. 너 역시 날 필요로 하지 않고. 나도 너에게는 수없이 많은 다른 여우들과 조금도 다를 바 없는 한 마리 여우에 지나지 않지. 하지만 네가 나를 길들인다면 우리는 서로를 필요로 하게 되는 거야. 너는 내게 이 세상에서 하나밖에 없는 존재가 되는 거야. 난 너에게 이 세상에서 하나

밖에 없는 존재가 될 거고….”

'길들인다는 것은 관계를 맺는다는 것.' 애써 무엇을 길들인다는 사실은 나에게 피로한 일이었다. 그 당시 빚을 진 자와 그 빚을 받으려는 어른들의 세계에서 나는 새우등처럼 터져 지쳐 있었다. 그런 나에게 이성의 친구가 다가오고 또 편지를 받고 싶다 하니 내가 너무 망극했던 걸까.

글을 쓰기 시작하자 내 안에 수다스러운 존재가 튀어나왔다. 수다쟁이가 된 나는 써도 써도 편지의 끝을 쉽사리 맺을 수 없었다. 페이지 수는 내가 새벽 일찍 아무도 모르게 그 애 반 책상 서랍에 편지를 놓고 돌아오는 횟수에 비례하여 점점 늘어갔다. 편지지 뒷장의 여분도 깨알같이 적어 내려간 추신 1, 2, 3, 4, 5로 빼곡히 채워졌다. 매번 10장에 가까운 편지 뭉텅이는 신데렐라 이복 언니들이 유리 구두에 발을 집어넣듯 가녀린 봉투 안에 욱여넣어져 있었다. 밤마다 써 내려간 나의 연애편지는 매번 터지기 일보 직전 수류탄의 모습을 하고 있었다.

'창조하는 정신은 언제나 상처받는다.'라고 했나. 각종 감동적 문구와 인용으로 치장한 로맨스가 홀랑 빠진 나의 편지는 연애편지 장르의 새로운 지평을 열게 되었다. 얼마 후 답장 한 번 손에 만져 보지 못한 채 그 애에게 차였다.

'걔는 문맹이었을까? 아니면 맞춤법을 잘 몰랐을까?'

나는 늘 궁금했다.

그렇게 까꿍 놀이하듯 내 인생에 찾아온 첫 로맨스는 명언과 인용을 담은 수류탄 편지에 폭발하고 질식해 사망했다. 그 뒤에도 굴하지 않는 나의 자아는 다음 희생양을 기다리며 계속 책에 밑줄을 긋고 문장을 퍼다 날랐다. 공갈빵처럼 비어 있던 나의 내면은 그렇게 조금씩 채워지기 시작했다. 지적 허영심에 빠져 물불 안 가리고 잘난척했던 순간이 쌓이자 허영이 방을 빼고 지식이 새로운 세입자로 들어왔다.

그 애가 너무 솔직했다면 나에게 이런 말을 했을지도 모르겠다.

"나에게 이런 편지를 쓰는 너의 뇌 구조와 정신이 이상해. 너처럼 자랑질을 못 해 안달 난 애랑은 엮이고 싶지 않아"

그랬다면 나는 상처를 받았을까? 자존감이 떨어졌을까? 창피했을까? 좀 더 일찍 허영심을 내보냈을까? 아니면 진시황의 분서갱유와 맞먹는 똘기 충만한 짓을 했을까? 잡다한 생각이 마구잡이로 떠올랐다.

그 애는 전화로 간단하고 차갑게 헤어짐을 통보했다.

"우리 대학 가서 만나자."

"그래."

그 마지막 통화에서도 대학에 가서 만나자는 그 말의 맥락은 내 머리에 제대로 전달되지 못했다.

'그럼 대학 가면 만날 수 있겠네.'

번지수를 잘못 찾은 나의 지적 허영심이 화근이 되어 내가 차였다는 사실도 알지 못했다. 나는 책을 왜 읽었을까? 뭐로 읽은 걸까? 뇌로 읽은 게 아닌 항문으로 읽었나? 학문적 사고. 아니, 항문적 사고. 그 시절의 눈치 없었던 내가 피로하다.

밤마다 그 애에게 편지를 쓰는 행위를 통해 내 생각을 정리하는 생산적인 시간이 내 앞에 펼쳐졌다. 그러한 생각 정리는 자연스럽게 나의 꿈과 미래에 대한 계획으로 이어졌다. 그 시간은 작당 모의처럼 나 혼자 은밀했다. 누구와도 공유하지 않은 두리뭉실하게 뭉쳐져 있던 꿈에 대한 생각들은 편지에 글이 되어 쏟아졌다. 푸닥거리를 끝낸 그것들은 나에게 더 확실하게 입체적으로 보이기 시작했다.

전화선을 타고 흘러온 이별 통보는 발라드 가요의 가사처럼 가슴이 미어진다거나 슬프지 않았다. 내 자존감이나 자존

심에도 별 타격을 주지 못했다. 그 애에게 보내는 편지지에 각종 책에서 뽑았던 주옥같은 문구를 필사하며 나의 내면이 튼튼해지는 큰 수확이 있었기 때문이었다. 나에게 주어진 그 시간은 행운이었다. 로맨스를 말아먹고 차이기 전까지 편지를 썼던 시간은 꿈이 있는 보물섬의 위치를 확실하게 지도에다 표시해 주었다.

나는 그렇게 나에게 연애편지를 쓰며 천재가 되는 방법이 묻혀 있는 보물섬을 향해 항해할 준비를 차근차근하고 있었다.

언어 천재 클레오파트라

언어라는 열쇠를 통해
타인을 이해하고 천재로 다가선다

역사에 따르면 이집트의 여왕이었던 클레오파트라는 9개 국 언어를 했다고 한다. 그녀는 어렸을 때부터 해상 무역이 발달한 이집트를 방문한 외국 대신과 그들의 언어로 대화할 기회가 많았음이 분명하다. 똑똑한 클레오파트라라면 당연 히 9개 국어가 가능하지 않았을까. 그렇게 많은 언어를 하는 사람은 얼마나 많은 우주를 머릿속에 담고 있는 걸까. 나는 클레오파트라가 부러웠다.

대단하다고 느끼는 사람을 만났을 때 순수한 부러움을 품 고 그를 대하는 시간은 청룡열차를 타는 기분이다. 타인의 욕망을 욕망하며 에너지를 끌어올려 나도 하면 되니까. 나는 클레오파트라를 욕망하기 시작했다.

고등학교 아침 영어 시간, 영어 선생님은 나에게 책을 읽어보라고 했다. 팝송으로 다져진 심하게 굴러가는 나의 R 발음은 다소 느끼하게 교실로 퍼져 나갔다. 내가 책 읽기를 끝내자 그는 말했다.

"너 오늘 아침에 빵에다 빠다 발라먹고 왔니?"

한국에서 원어민을 흉내 내 그들과 가깝게 외국어의 발음을 한다는 자체가 종종 웃음거리가 되었다. 외국어를 하려면 한국어의 억양을 듬뿍 넣어 최대한 튀지 않게 해야 했다. 나는 그러거나 말거나 늘 혀를 필요 이상으로 굴리며 외국어를 하는 낯짝 두꺼운 아이였다. 외국어는 외국어답게 해야 한다는 신념을 갖고 있었다. 속 시원하게 외국어를 할 수 있는 곳은 어디라도 좋았다. 어학연수와 유학의 새로운 환경은 나에게 깊게 언어를 배울 기회를 마련해 주었다. 원어민은 나의 좋은 앵무새였다.

내가 별로 배우고 싶지 않은 언어도 있었다. 바로 프랑스어였다. 프랑스 사람들은 모두 이상했다. 내가 여행을 다니면서 또 공부하면서 만난 그들은 웃기지도 않은데 이상한 유머를 하며 혼자 낄낄거렸고 무례하기까지 했다.

도미니카 공화국에서 살았을 때 옆 나라로 출장을 가서 아침을 먹고 있을 때였다. 호텔 옆자리에 한 무더기의 프랑스인들이 엄청나게 시끄럽게 그 공간을 전세 낸 양 떠들고 있었다. 배가 불룩한 대머리 남자가 내 테이블로 오더니 비음을 가득 실은 영어로 나에게 물었다.

"너? 일본인?"

짜증이 올라왔다. 그래서 받아쳤다.

"그러는 넌? 영국인?"

내가 그에게 프랑스의 역사적 앙숙인 영국인이냐는 말로 빈정거리자 대머리 프랑수아는 허공에다 연극을 하는 듯 뭐라 쏭쏭 대더니 자기 일행에게 돌아갔다. 불어는 늘 나에게 소화제를 애타게 찾게 하는 소화 불량의 대명사였다.

직장을 그만두고 그림을 배우러 가기 위해 여러 나라를 후보에 두었을 때 많은 고민이 들었다. 내가 살았던 영국이나 스페인, 혹은 스페인어와 비슷한 언어를 쓰는 이탈리아에 가고 싶었다. 하지만 나의 그림을 위해서 프랑스로 가야만 하는 이유가 자꾸만 생겨났다. 프랑스에서 그림을 배우는 사실은 내키지 않았지만 나의 결정을 믿어 보기로 했다.

파리에서의 생활은 나를 다시 언어의 신생아로 초심을 다지게 했다. 모든 일상과 닥치는 문제들은 불어 옹알이로 풀어냈다. 그러자 신기하게도 세상이 달라 보였다. 내가 그리도 싫어했던 프랑스인들을 언어의 힘으로 이해한 사실이었다. 그들은 이상하지 않았고 그들의 유머는 색다른 재미로 다가왔다. 그동안 그들이 이상하다고 내린 판단은 나의 편견

일 뿐이었다. 그때 한 민족의 영혼을 지니고 있는 언어의 힘은 위대하다고 느꼈다.

　하이데거의 말처럼 '언어는 존재의 집'이었다. 언어 속에서만 존재는 드러난다고 했다. 그의 말은 불어를 하면서 깨달을 수 있었다. 언어를 이해하면 타인과의 거리가 좁혀지며 그 존재를 너그러이 받아들일 수 있는 포용력이 생겼다. 나는 그 깨달음이 천재로 가는 길에 있어서 필연적인 요소일 거라고 확신했다.

지름신 내린 자신감

무모한 도전이 쌓이면,
그 끝에는 천재가 되는 문이 기다리고 있다

어느 날 수영장 입구에 전국 마스터즈 수영 시합 광고 포스터가 붙어져 있는 걸 발견했다. 저런 대회에 나가려면 수영을 진짜 잘해야겠다는 생각이 들었다. 호기심에 관계자에게 물어보니 그는 누구든지 다 참여할 수 있다고 대답했다. 그렇다면 전국 마스터즈 수영대회는 그야말로 내가 나가는 게 맞았다. 수영을 시작한 지 얼마 안 되는 나는 정말 그 '누구든지' 중의 한 명이었기 때문이었다.

'방윤주, 여자 6그룹, 평영 100'

대회에 등록한 후 수영대회 그룹 리스트에 올라간 내 이름은 나를 현실로 불러들였다. 아차 싶었다. 일은 이미 저질러졌다. 내가 살면서 저지른 굵직굵직한 사건들이 늘 그렇듯이 내 인생의 첫 수영 경기도 그렇게 시작되었다.

대회를 준비하는 사람들이 수영장에 모여 입수 스타트 연습을 한다고 했다. 아는 사람은 한 명도 없었다. 그렇지만 살면서 한 번도 입수 스타트를 해 본 적이 없었기에 꼭 가야 한다는 생각이 들어 용기를 내어서 수영장에 갔다. 사람들의 몸풀기 수영은 화려하고 빨랐다. 내가 맨 뒤에서 시작해도 계속 따라 잡혔다.

몸풀기 수영이 끝나자 강사가 왔다. 그에게 스타트는 처음이라고 했더니 기다리라는 대답이 돌아왔다. 입수하는 사람들의 모습은 자신감에 넘쳐 있었다. 낙하산을 타러 올라간 스페인의 하늘에서도 우물쭈물한 남자들을 제치고 먼저 비행기에서 뛰어내린 사람은 나였다. 그런 나에게 입수 스타트 따위는 문제로 보이지 않았다. 적어도 그 당시엔 그랬다. 나는 입수하는 사람들을 관찰하며 레인 줄에 한참을 미역처럼 걸쳐져 있었다. 짜증이 올라왔다.

"저는 언제 뛰는 겁니까?"

나의 질문이 날아가자 그제야 오라는 대답이 왔다.

대학에 돈을 기부하고 입학해서 강의실에 앉아 알아듣지 못하는 수업에 껴 있을 때 이런 기분이 들까? 방정식을 막 끝내고 올림피아드 가서 문제 푸는 느낌이 이럴까? 자괴감이 들었다.

스타트대에 섰다. 강사의 지시가 내려졌다. 나는 우왕좌왕하다 될 대로 돼라 하며 물속으로 들어갔다. 초심자의 행운은 진짜로 존재하는지 처음에는 그럭저럭 괜찮았다. 그 뒤부터가 문제였다. 두 번째 뛰었을 때, 물 따귀를 맞고 쓰고 있던 수경이 홱 뒤집어졌다. 세 번째 점프는 간발의 차이로 바닥과의 박치기를 피할 수 있었다. 내가 물 위로 떠오르자 몇

몇 사람들이 와서 머리 괜찮으냐고 물었다. 네 번째는 배치기를 했고 그 충격으로 물안경에 둘려져 있는 고무패킹이 분리되어 날아갔다. 물안경의 고무패킹이 분리될 수 있다는 건 그날 처음 알았다.

'그만 허튼짓하고 나가라는 신의 계시인가.'

계속 뛰었다가는 처음 보는 사람들 앞에서 혼자 몸 개그를 하며 잊지 못할 험한 꼴을 연출할 것 같았다. 싸한 느낌이 들었다. 날아간 물안경 고무 패킹이 나를 약 올리듯 물에 떠다니며 잡힐 듯 잡히지 않았다. 그것을 잡아채 물 밖으로 나가려고 하다 강사와 마주쳤다.

"자신감을 갖고 뛰면 됩니다. 자신감!"

그가 말했다.

나를 장시간 동안 수영장 줄에 미역처럼 걸쳐져 있게 한

서운함 때문이었을까 아니면 날치처럼 입수하는 그날 처음
보는 사람들 앞에서 망신의 몸부림을 한 나에 대한 답답함
때문이었을까.

"아, 네네네."

내 얼굴은 자동으로 찌그러졌다. 입 밖으로 말이 꾸역꾸역
흘러 나왔다.

전국 수영대회 참가라는 일을 저지른 후 주변 사람들은
나에게 따스운 응원의 메시지를 보냈다.

"대단한 거야.", "도전한다는 사실이 중요한 거지.", "너라
면 할 수 있어. 등수가 뭐가 중요해…."

저런 응원은 하나도 고맙지 않았다.

"입 다물어! 너도 나가 봐! 나의 바보짓을 너도 똑같이 느

껴 봐!"

『반지의 제왕』에 나오는 정신 나간 골룸처럼 나는 매일 자기 전 '나갈까? 말까?'의 선택의 길에 사로잡혀 있었다. 선택의 마무리는 늘 이불킥이었다.

자신감은 망신을 당할 수 있다는 가능성을 편하게 받아들이는 마음이라고 했다. 나는 지금까지 자신감이 크다고 생각했다. 굴욕을 당해도 감수할 수 있었고 눈치 보지 않고 할 말은 했다. 그날 처음으로 늘 장전되어 있던 자신감으로도 어쩔 수 없는 실력의 문제가 나를 쥐고 흔들었다. 눈물이 찔끔 나왔다. 지금까지 한 번도 실력이 준비되지 않은 상태에서 사람들 앞에 서 본 적이 없다는 사실을 깨달았다. 내 안에 무모한 바보도 살고 있었다. 아무리 도전이 중요하다지만 백지 상태인 나를 그런 상황에 몰아넣은 자신에게 미안했다.

'도전하는 데 의미가 있다. 도전하는 모습이 아름답다.' 기타 등등 도전에 관련된 슬로건은 차고 넘친다. 이번 입수 경

힘을 통해 느낀 점이 있었다. 도전은 기본 실력이 있을 때야 비로소 의미 있는 아름다움으로 비쳤다. 아무리 자신감으로 무장했다 하더라도 거의 무에 가까운 실력은 짠함을 일으키는 연민이 되었다.

충격에서 정신을 추스르고 무모하게 시작한 이 전국 대회를 어떻게 준비할지 계획 수정이 시급했다. 나의 수영 실력에 대한 주제와 분수는 입수 스타트의 경험을 통해 챙기게되었다. 이래도 꼴등 저래도 꼴등이었다. 온 힘을 쏟은 완주를 목표로 정했다. 자신감을 끌어모을 수 있는 나의 마지막기회였다. 자신감이란 실력이 전제될 때 피어나는 마음의 꽃이었다.

실력은 자신이 투자한 시간과 몰입도에 비례해서 쌓인다. 마치 미장이가 시멘트를 곱게 발라 벽돌을 쌓아 담을 올리는과정과 같다. '밥 한 수저에 배부르랴.'라는 말처럼 진정한 실력은 하루아침에 이루어지지 않았다. 나는 그 시간이 쌓여지층처럼 이뤄지는 실력을 간과했다. 초심이 답이었다. 다시 초심으로 돌아가서 몰입하는 시간이 필요했다. 내게 주어진 짧은 시간 동안 실력의 벽돌은 그렇게 쌓아졌다.

비록 짧은 시간 내에 실력으로 발휘되지 않더라도 매일의 노력이 천재라는 탑의 제일 밑에 있는 작은 벽돌로 자리를 지키면 되었다.

글을 쓴다는 것

진정한 천재의 영토는 나의 내면에

나는 항상 끼적이는 것을 좋아했다. 펜시점에서 파는 앙증맞고 아기자기한 수첩은 내 취향이 아니었다. 영업 사원들이 들고 다니는 검은색 표지로 덮여 있는 두툼한 실용적인 수첩이 좋았다. 단순한 줄이 빼곡한 그곳에 온갖 해야 할 목록과 하고 싶은 일의 목록, 가계부, 꿈, 일기 따위를 다 때려 넣고 일 년 내내 부대찌개처럼 팔팔 끓였다.

수첩에는 개미굴의 병정개미처럼 글씨가 촘촘하게 정렬되어 있었다. 글을 쓰자 주위와 단절되어 나를 들여다보는 시간을 가질 수 있었다. 그것은 나에 대해 알아가는 과정이기도 했다.

낭비를 싫어하고 효율성을 최고로 따지는 성향인 나에게 자세한 부가설명은 입만 아팠다. 그래서 토막 난 핵심만 던져 놓고 상대방이 이해했다고 간주했다. 가족들은 늘 내가 불친절하게 틱틱거린다고 얘기했다. 글도 당연히 그렇게 썼다. 설명을 생략한 채 툭 던져 놓고 그렇게 다음 단락으로 넘어갔다. 불친절한 글을 쓰기 오래전 내가 말하는 방식을 지적한 사람이 있었다. 첫 직장에서 전기가 나간 어느 날, 상사가 나에게 물었다.

"방윤주 씨, 전기 들어왔습니까?"

"아니요."

고개를 들어 그를 쳐다보며 간단하게 대답하고 하던 일을 계속했다. 잠시 후 상사에게 오라는 호출이 왔다. 그는 나를 세워 놓고 째려보며 이렇게 말했다.

"방윤주 씨, 말은 그렇게 하는 게 아닙니다."

그는 내 이름을 짜증 난다는 듯 툭툭 끊어가며 이야기했다. 나는 머리가 띵 했다.

"그럼 제가 어떻게 대답해야 했을까요?"

나는 상사에게 되물었다.

"'지금은 전기가 들어오지 않았습니다. 언제 들어올지 모르지만 들어올 것 같습니다.'라고 좀 설명을 넣어 얘기하면 안 됩니까?"

멍한 상황에서 생각이 떠올랐다.

'아니요'라는 한마디로 산뜻하게 정리되는 상황을 유치원생 대하듯 너저분하게 살을 붙여 일일이 얘기하란 말이군. 또라이 아냐?'

나의 첫 상사는 그렇게 또라이 아우라를 슬금슬금 풍기기 시작하더니 시간이 지나면서 그 실체를 드러내기 시작했다.

그는 어느 날 저녁 바이어를 접대하는 회식 자리가 끝나자 다른 사람들을 보내고 나를 술자리까지 대동했다. 바이어를 포함해서 남자가 넷이었고 나는 유일한 홍일점이었다. 사장은 주점에 가서 자리에 앉자마자 여자를 세 명만 불렀다.

"남자가 네 명인데 왜 세 명만 부르시는 겁니까?"

나는 따졌다. 또라이 사장은 내가 바이어와 말이 잘 통한다면서 그와 좀 더 대화해 보라고 했다. 또라이 사장의 제안에 잠자고 있던 나의 더러운 성질이 활활 불타올랐다. 끈적이는 음악에 블루스를 추자고 덤비는 바이어는 홱 밀어젖히는 나의 억세고 우악스러운 손길에 넘어질 뻔했다.

다음 날 평소대로 출근을 한 나는 사장에게 예의 바르게 인사했다. 그는 내 눈치를 보는 듯했다. 나는 종일 궁둥이를 붙이고 앉아 컴퓨터 자판기를 두드렸고 퇴근을 하며 사장에게 메일을 보냈다. A4 세 장을 꽉 채워 쓴 나의 친절한 사직서 안에는 또라이 상사가 원하는 문서의 형식과 원칙이 정갈하게 스며들어 있었다.

사회생활은 나를 혼란스럽게 하며 내가 어느 장단에 맞춰 춤을 춰야 하는지 상당히 헷갈리게 했다. 어이없는 사장의 행동은 돌아오는 길 내내 나에게 다양한 인간에 대해 되짚어 보게 했다. 나는 이런 부류의 인간들이 삶에 등장했을 때 어떻게 대처해야 하는지 사람들과 글로 나누고 싶었다. 그러자 내가 지금까지 마주쳤던 온갖 어이없는 사건과 이상한 인물들이 주옥같이 느껴지기 시작했다. 내가 경험한 일화들은 글에 녹여내기로 했다.

로버타 진 브라이언트는 말했다.

"작가는 오늘 아침에 한 줄의 글을 쓴 사람이다."

나도 작가라는 생각을 품고 매일 쉬지 않고 글을 썼다. 그 글이 차곡차곡 쌓이니 나도 어느새 작가가 된 느낌이 들었다. 작가는 대단한 게 아니었다. 오늘 아침에 한 줄의 글을 쓴 사람이었다. 화가도 오늘 아침에 종이에 선 하나 그은 사람이었다.

글을 꾸준하게 썼더니 외계에서 날아온 혜성과 충돌한 후 지각 변동을 일으키는 지구처럼 내 마음속 안의 무언가가 마그마처럼 끓어올랐다. 혼자 배낭을 메고 아무도 모르는 오지로 여행을 떠나기 전날의 기분이 들었다. 신기함, 흥미로움, 짜릿함, 두려움, 걱정으로 뭉쳐진 에너지 반죽이 내 안에서 빚어지고 있었다. 이 에너지는 땔감이 되어 내가 글을 쓰는 시간을 따뜻하게 지펴 주겠지. 나는 그 시간이 쌓이면 지식의 영역이 넓혀져 뇌 안에 새로운 세계가 생겨날 것이라 믿는다.

마음을 조각하는 시간

징징거리는 마음 신생아를 인내심을 갖고
키워 나가면 천재가 될까?

예전에는 어디로 튈지 모르는 천방지축 '마음'이라는 분과 어쩔 수 없이 한평생을 같이 살아야 한다는 운명을 알지 못했다. 하루에도 다양한 이유로 수십 번 야생마처럼 날뛰며 변덕을 부리는 마음은 나의 에너지를 갉아먹고 있었다. 그럴 때마다 내가 하는 일은 멈춰져 일의 진행에 지장이 생겼다.

인간관계가 삐걱거리면 폭식이 따라붙었다. 일이 꼬이면 신경질을 냈다. 나를 대하는 사람들의 행동이 소홀하게 느껴지면 우울했다. 변덕스럽게 징징대고 널뛰는 마음은 해달라는 대로 쫓아가며 풀어질 때까지 우쭈쭈 해야 달래졌다. 드라마 속 남자 주인공의 '삐친 여친 달래기' 버금가는 조울증과 피로를 동반한 '마음 달래기 프로젝트'였다.

매번 영원히 끝나지 않을 긴 감정 소비의 터널은 나를 파김치로 만들었다. 널뛰던 감정이 다시 일상으로 돌아오면 그제야 내가 그 길을 어떻게 통과했는지 뒤돌아 보게 되었다. 그 길에는 마음을 달래는 미흡한 방법의 아쉬움과 함께 그 시간을 좀 더 현명하게 꾸리지 못했다는 안타까운 감정만이 남아있었다.

나의 자아와 나는 헤어지지 못해 어쩔 수 없이 함께 있어야 하는 지겨운 관계가 되어가고 있었다. 행패를 부리는 마음이 올라오는 상황을 알아채기 위해 경보장치를 마음 안에 심어 놓았다. 경보음이 울리면 나는 자전거를 타고 아무 길이나 뚫고 달렸다. 자전거를 타다 배가 고프면 먹었고 사람들이 많이 모여 있는 곳을 보면 멈춰 나도 기웃거렸다. 그렇게 마음이 불청객으로 바뀌어 내 삶을 난장판으로 바꾸지 않게 늘 망을 봤다. 멀리 가려면 마음에 좌지우지되지 않고 천천히 여유를 챙겨야 한다는 걸 터득했다. 자연스레 내 안으로 향해 있던 감정의 나침반 바늘을 반대 방향으로 바꿔 놓는 지혜가 생겼다.

기분이 별로다 싶으면 운동화를 신고 나가서 잠깐이라도 걷는 시간을 보냈다. 걸으면서 평소 소홀히 했던 주위 풍경을 보며 내가 어느 계절 안에 살고 있는지 느꼈다. 내 하루는 이제 더 이상 막장 드라마처럼 폭주하지 않았다.

장수하며 다작하는 천재들은 끊임없이 몸과 마음의 균형을 유지하면서 작업을 이어 나갔다. 우리도 그들처럼 천재로 태어났지만 삶에 푹 절인 배추처럼 늘 피곤하고 늘어져 있어 내면의 소리를 듣지 못하고 있을 뿐이었다. 그렇게 천재로 변신할 수 있는 점화의 순간은 '엥' 하고 지나가는 파리의 하찮은 날갯짓처럼 순식간에 지나갈 수 있었다.

『채근담』에 이런 말이 있다.

'잔잔한 물결 위에는 달의 모습이 선명하게 비친다. 하지만 물결이 흔들리면 달의 모습도 흔들려 볼 수 없다. 사람의 마음도 이와 같다. 흔들림이 없는 잔잔한 마음의 상태에서야 진실한 모습을 비출 수 있다.'

말이야 쉽지 평상심을 지속하기란 하늘의 별을 따오라는 말과 비슷했다. 변덕스러운 내 마음이 세상에서 제일 무서웠다. 마음은 어르고 달래며 내가 책임지고 건강하게 키워야 하는 신생아였다. 기상 일보처럼 시시각각 내 마음의 현 상태를 들여다보는 연습은 불협화음이 날 때마다 알아차릴 수 있는 경보장치가 되었다.

'그래, 그럴 수 있어. 네 맘 내가 이해하지.'

평상심을 유지하며 자기 일에 몰입할 때 냉정하게 자신과 주변을 바라볼 수 있는 혜안이 생긴다. 그렇게 세상의 이치와 진리를 깨닫게 되는 순간을 맞이하게 되지 않을까. 참으로 쉽지 않은 일이다. 하지만 그 부단한 노력을 통해 자기도 모르는 사이에 천재로 물들어 간다.

3장

천재의 나침반,
내면의 목소리

My dream is
a genius grandmother

불효자는 웃습니다

불효하는 길 = 천재가 되는 길

자식의 도리로서 효도를 다한다는 말이 있다. 외할머니는 네 명의 자식 중에 누가 그녀에게 어떻게 얼마만큼 효도하는 지 동네 할머니들을 마주치면 깨알같이 자랑했다. 그러나 외할머니와 함께 보낸 어린 시절 내내 '효도'는 집안 내 사건 사고의 중심에 있기도 했다.

만딸이 그녀에게 전화로 안부를 자주 물었다면 큰아들은 겨울마다 보일러에 난방으로 쓸 기름을 넣어줬다. 작은아들 역시 그녀가 삭신이 쑤신다고 할 때면 러시아산 녹용을 구해 오거나 종종 냉동실에 고기를 채워 넣었다. 막내딸도 그녀에게 외국 여행을 자주 시켜 주었고 신상 가락지를 선물하곤 했다. 할머니는 자식들의 상납 품목에 따라 자식 복의 유무를 판단했다.

그녀는 자식으로부터 본인이 원하지 않는 일이 일어나면 그 자식의 흉을 다른 자식에게 보았다. 그녀의 '이 자식 욕 저 자식에게 하기' 라이브는 장시간 동안 이어졌다. 할머니의 변덕은 자식들 간의 관계를 바다에 뭉쳐 다니는 멸치 떼처럼 이리 가르고 저리 갈라놓았다.

그녀는 자신 때문에 자식들과의 관계가 소강상태에 이르면 자식은 키워봤자 하나도 소용이 없다는 이상한 이야기를 나에게 했다.

'아니 자식은 자기가 원해서 낳았으면서 왜 자식이 원해서 나와 자기가 어쩔 수 없이 키운 걸로 바꿔 얘기하지?'

변덕스러운 그녀에게 효자가 불효자가 되는 건 한순간이

었다. 자기 아빠의 눈을 뜨게 하려고 인당수에 빠진 심청도 할머니 눈에 나는 순간, 효녀 자격 박탈은 당연했다. 효도의 수혜자가 끝이 없는 효도를 요구하고 그것을 당연하다고 생각할 때 부모 자식 관계의 틀어짐은 마땅한 결과로 왔다. 나는 크고 작은 효도와 관련된 매 사건의 기승전결을 본 유일한 목격자였다. 이상하게 비틀어진 유교 사상의 '효자'는 할머니의 보험이 되었다. 그들은 효도라는 계약으로 맺어진 보험자와 피보험자였지만 나중에는 악연이 되기도 했다.

나는 그런 상황을 지켜보며 어설프게 착한 짓을 하다가 화병에 걸릴 수 있는 콩쥐보다는 이기적인 팥쥐의 삶이 낫다고 판단했다. 해도 욕을 먹고 안 해도 욕을 먹는 효도는 차라리 하지 않는 편이 좋았다. 진실한 마음이 차오르지 않으면 어떤 행동도 하지 않았다. 집에서는 그런 나를 '쌀쌀맞은 년'이라 불렀다.

엄마는 매번 학비를 낼 때마다 나를 교육하는 게 얼마나 많은 돈이 들어가고 힘이 드는지 상세하게 알려 주었다. 오랫동안 이어진 물질에 대한 할머니의 변덕과 푸념은 나를 지치고 짜증이 난 상태로 밀어 넣었다. 대꾸할 말은 입 밖으로 나오지 않고 생각으로 연결되었다.

'더럽고 치사해서 내가 갚는다.'

고등학교까지의 교육을 의무교육이라고 치고 집에서 받은 대학교의 학비와 유학비용은 취업 후 엄마의 통장으로 보내졌다. 쌀쌀맞은 년이 독한 년으로 탈바꿈하는 순간이었다.

가족들은 내가 외국에 나가려고 할 때마다 한국에서 사는 게 어떻겠냐고 하며 붙잡으려 했다. 그들의 조언은 귓등으로도 듣지 않았다. 실패하건 깨지건 나의 주관대로 꾸리는 삶, 그것이야말로 내가 생각하는 효도였다.

"빨리 취직해서 엄마 빚 갚아 주지."

공부를 계속한다는 나의 계획을 들은 엄마가 말했다. 할머

니의 가정교육을 받고 자란 엄마도 할머니가 되어가고 있었
다. 키워준 값으로 내가 효녀가 되기를 바라던 엄마의 바람
은 나를 팥쥐로 만들었다. 나는 나의 꿈을 향해 이기적으로
나아가기로 결심했다.

　나에게 고마운 존재는 힘들게 이 세상에 나와 지금껏 잘
커 준 나였다. 나는 나에게 효도하기로 다짐했다. 내가 만약
그들이 원하는 효도를 했다면 화병에 걸리지 않고는 못 버텼
을 것이다. 나는 나의 마음을 알기 위해서 불효를 했다. 그것
은 결국 나를 일으켜 세웠다. 이것이 내가 천재로 가는 길을
뚫는 첫 번째 관문이었다.

사막에서 나를 만나다

나와의 고백성사에서 천재의 싹이 튼다

대학교 2학년 겨울 방학 때였다. 나는 도서관에서 빌린 『람세스』 5권을 순식간에 다 읽고 흥분에 찼다. 나의 기대감은 커피포트의 물처럼 부글부글 소리를 내며 100도로 끓기 시작했다.

'람세스를 만나러 이집트에 가야겠어.'

'계획을 세운 날이 길일이다.'란 속담이 있다. 내가 무엇인가 하겠다고 생각한 그날이 바로 길일이며 움직일 순간이었다.

무언가에 조종당하고 있는 것처럼 수화기를 들어 여행사에 전화를 걸었다. 이집트로 가는 가장 싸고, 가장 빨리 가는 비행기를 찾는다는 주문이 시작되었다. 수화기 너머에서는 잠깐 기다리라는 소리와 함께 컴퓨터 자판 두들기는 소리가 다소 정신 사납게 들려왔다. 타다다닥 탁탁탁, 타다다다다다.

'표는 있을까? 비싸지는 않을까? 내가 진짜 갈 수 있을까?'

자판기 소리에 내 생각들은 화답하는 랩처럼 쉬지 않고 뿜어져 나왔다.

"내일 출발하는 게 있네요."

소리가 뚝 끊기더니 갑자기 여행사 언니의 목소리가 들렸다.

"네. 주세요."

스스로 제정신이 아닌가 싶었다. 나의 말과 함께 생각이 동시에 뿜어져 나왔지만, 자고로 '여아 일언 중천금'이라 했다.

『람세스』책을 다 읽고 나서 불과 10분 만에 이집트 카이로로 가는 비행기표는 나에게 오고 있었다. 내 인생에서 최고속으로 실행한 정신 나간 결정 중 하나였다. 다음 날, 내가 탄 러시아 비행기는 북경에서 경유지인 모스크바로 날아갔다. 카이로행 비행기는 그곳에서 12시간을 기다렸다가 타야 했다. 표값이 저렴한 이유가 있었다.

모스크바 공항에 도착했을 때 내 눈에 가장 먼저 띈 건 사람으로 꽉 찬 의자들이었다. 많은 사람이 앉아 있는 긴 의자에 내가 궁둥이를 붙일 곳은 단 한 곳도 없었다. 임시로 자리를 마련한 곳은 공항 안을 몇 바퀴 배회한 후 찾은 구석이었다. 나는 그곳에 신문지를 깔고 앉아 내가 가져온 이집트 여행안내 책을 펼쳤다. 이집트가 신문지 위에 오아시스처럼 솟아나는 듯했다. 그곳은 내가 이렇다 할 계획도 없이 충동적으로 짐을 싸서 향하게 된 미지의 나라였다. 나는 내가 이집트에서 얼마나 좌충우돌하며 깨지고 성장할지 상상했다. 마음속에서 하얀 구름 같은 설렘이 샘솟기 시작했다.

비행기는 카이로에 도착했다. 공항 밖에 서 있는 세상, 처음 보는 인종에 깜짝 놀라 다시 공항 안으로 들어갔다. 무모한 일을 저질렀다는 실감이 들었다. 찬물 세수가 필요했다. 화장실에서 거울을 보고 있자니 앞길이 막막해 헛웃음만 나왔다. 공항을 나오는 일은 평소보다 더 큰 용기를 필요로 했다.

머리에 떠오른 장소는 여행책에서 본 미라가 득실댄다는 카이로 박물관이었다. 물어물어 버스를 타고 카이로 박물관으로 가는 길은 멀고도 험했다. 길 맞은편에서 어슬렁대는 경찰 세 명이 손짓으로 열심히 걷고 있는 나를 불러 세웠다. 나는 한껏 얼어 경찰 앞에 섰다. 그들은 웃음을 띠며 친절하게 심문을 시작했다.

"어디서 왔니?"

"나이는 몇 살이니?"

"카이로에는 언제까지 있을 거니?"

"남자친구는 있니?"

'나한테 지금 이 질문 같지도 않은 질문에 대답하라고 무거운 배낭을 메고 대로를 건너게 한 거야?'

어이가 없었다. 내가 람세스였다면 지금 얘네들 하는 짓거리 보고 꽁꽁 싸매진 파피루스를 풀고 일어났을지도 모른다. 그들 덕에 람세스와 이집트에 대한 낭만과 감성은 물거품처럼 사라졌다.

카이로 박물관은 뜻밖에 시원하고 깔끔했다. 웅장한 대리석으로 지어진 공간 안에서 파라오와 관련한 온갖 유물을 구경하는 흥미로운 시간 여행이었다. 나는 그곳 로비에 앉아 이집트 여행 계획을 다시 세웠다.

어렸을 때부터 사막은 줄곧 내 마음 안에 있었다. TV를 통해 처음 마주한 사막은 죽음의 모래땅이었다. 그 안에는 거대한 힘을 가진 정체불명의 무엇이 도사리고 있는 듯했다.

시와 사막으로 향하는 길은 우여곡절의 연속이었다. 12시간 남짓 버스를 타고 갔을까. 말이 통하지 않는 이방인들 사이에 묻혀 보내는 고립의 시간은 엄청나게 지루했다. 외부 자극이 끊기자 전원을 차단한 전자 기기처럼 멍한 시간이 점점 늘어났다. 마음을 비운 채로 소통의 부재에서 오는 답답함과 지루함을 버티고 있었더니 불현듯 뇌가 꿈틀거리고 움직이기 시작했다. 내가 그 시간 동안 오롯이 나에게 주파수를 맞추자 무엇인가 가슴을 뚫고 나왔다. 혼자 낯선 지역으로의 여행은 오직 나만 바라보고 의지하는 계기가 되었다. 그러자 나의 자아가 목소리를 내며 말을 걸어오기 시작했다.

"윤주야, 너 옛날에 이거 좋아했었잖아."

나조차 잊고 있었던 나에 대한 기억을 얘기해 주며 수줍게 말을 걸어오고 있는 또 다른 나였다. 갑자기 가슴이 벅차

올랐다. 나는 그렇게 사하라 사막을 달리며 광활한 사막이라 여겼던 인생에서 오아시스를 마주했다.

사막을 뚫고 오며 내 안의 자아와 티키타카를 시작한 이후 나는 다른 사람이 되어 있었다. 자아와 마주한 혼자 있는 시간이 더는 허하지 않았다. 고독의 시간에서 나는 나와 노는 법을 터득했고 외로워서 사람을 찾는 일을 하지 않게 되었다. 도리어 그 시간을 즐긴 후 다른 사람들과 보내는 시간은 더욱 충만해졌다. 람세스를 찾아 이집트에 온 이유는 나의 자아를 찾기 위해서였다. 람세스가 인도한 내 인생의 새로운 전환점이었다.

하얀 사막이 내 앞에 펼쳐져 있었다. 북경에 있는 내 방 소파에서 람세스 책을 읽던 나는 영화 속에서처럼 장면이 바뀌자 사막을 마주하고 있었다. 그러자 문득 정신병이란 매일 똑같은 일을 반복하면서 다른 결과를 기대하는 마음이라는 아인슈타인의 말이 어떤 뜻인지 이해하게 되었다.

나의 일상생활은 창의적인 에너지를 담기 시작했다. 나는 꼭 해야 하는 일 사이사이에 짧은 고독이라는 일과를 집어넣었다. 그것은 나에게 내면의 사막을 건너는 시간이 되었다. 그 시간의 끝에는 창의력과 상상력을 가득 담은 소리가 나를 기다리고 있었다.

실패의 두 얼굴

수없이 넘어지기를 반복한
아기였던 우리는 일찍이 천재였다

내가 하고 싶은 일들은 늘 주위에 널려 있었다. 하고자 하는 욕구를 표현하는 나와 종종 이해할 수 없는 이유로 그 욕구를 막는 어른들 사이에서 일어나는 갈등은 당연하였다. 그럴 때마다 내 안에 좌절이라는 분노 섞인 감정이 끓어올랐다. 그 감정이 지층처럼 쌓이고 하고 싶은 욕구가 세포 분열하듯 커지자 잔머리가 생기기 시작했다. 나는 하지 말라고 말리는 어른들 앞에서는 '네.' 하고 돌아서서 즉시 내가 하고 싶은 일을 시작했다. 그때 나에게 '네.'라는 말은 잠시 숨을 고르는 쉼표였다. 쓸데없이 걸려서 잔소리를 듣고 싶지 않았다.

대학은 내가 그리던 미래에 대해 깊게 탐구할 수 있는 곳이 아니었다. 휴학에 대한 고민은 끊임없이 나를 괴롭혔다. 그래서 집안 어른들에게 조언을 구했다. 그들의 일관성 있는 대답은 빨리 공부해서 빨리 졸업하고 빨리 취직해서 빨리 돈을 벌라는 거였다.

'오랜 시간 준비해서 대학에 온 이유는 무언가를 빨리 끝내고 돈 벌기 위해서인가?'

뜻밖의 질문이 나를 따라다녔다. 아무리 생각해도 이건 아닌 듯했다. 나는 용기를 내어 마음의 소리를 따라가 보기로 했다. 주민등록증이 내 손에 들려 있음에도 학교는 보호자 도장을 요구했다. 집 근처 골목길에 도장가게가 있었다. 그곳에서 엄마 이름으로 된 막도장을 파서 학교에 휴학계를 냈다. 나는 그렇게 학교를 떠났다. 내가 내 인생을 꾸리겠다는 선언을 집안 어른들에게 행동으로 보여 준 사건이었다.

가지치기를 한 후 떨어져 나가 새로운 환경에서 뿌리를 내리는 화초의 마음이 이럴까. 문득 시베리아 벌판에 홀로 떨어진 기분이 들었다. 내 앞에는 막막한 일들만 그득했다. 그러나 한편으론 내 마음 안에 간지럼처럼 일어나는 자유와 이름을 붙일 수 없는 설렘도 느낄 수 있었다.

가족, 주변 어른, 인생 선배의 소위 '맞는 이야기'가 있다.

"나 때는 이랬어.", "다 너 잘되게 하려고 그러는 거야.", "네가 돌아서 가는 시간을 줄이고 빨리 좀 더 편하게 가라고 하는 이야기야. 새겨들어."

새겨들으라는 그들의 말을 참고는 할 수 있었다. 그러나 나는 다른 사람의 의견이 인생의 방향을 설정할 때 영향을 주어서는 안 된다고 생각했다. 모든 사람의 길은 제각각 다른 갈래로 뻗어 있고 그 길이 바닷길일지 산길일지 오솔길일지는 스스로 걸어 봐야 알기 때문이었다.

걷다가 넘어지더라도 털고 일어나면 되었다. 천재들이 그

랬던 것처럼, 마찬가지로 우리가 어린 시절 걸음마를 배웠을
때 그랬던 것처럼 말이다.

어렸을 때 나는 경쟁심이 심했다. 이기는 게 좋았다. 그러
다 점점 내가 못 이기는 아이들이 생겨났다. 이겨야만 하는
대상도 세포가 분열하듯 많아졌다. 이기는 것에 실패했을 때
의 맛은 비참했다. 문득 아무리 노력해도 이길 수 없는 대상
이 있다는 사실을 깨달았다. 바로 나 자신이었다. 그 사실을
깨달은 뒤로 타인과의 경쟁은 무의미했다. 어제의 나와 오늘
의 내가 하는 경쟁은 나에게 더욱 몰입할 수 있는 시간을 주
었다.

필라멘트를 개발할 때까지 1만 번 이상의 실패를 경험한
에디슨이 말했다.

"나는 실패한 적 없다. 단지 작동하지 않는 1만 가지 방법
을 새로 발견했을 뿐이다."

내 앞에 가로막힌 벽은 나의 모든 인맥과 데이터를 이용해 드릴로 뚫어 다시 나아갈 수 있었다. 실패에 대한 정의가 바뀌자 나도 실패한 적이 없었다. 단지 1만 가지 이상의 벽 뚫는 방법을 실행하고 있을 뿐이었다.

베토벤 바이러스

천재, 현명하게 스트레스를 변주하는 자

어느 날 아인슈타인의 작업실이 신문의 한 면에 실려 소개되었다. 원자 폭탄이 아닌 종이 폭탄을 맞은 책상 옆에 피아노와 바이올린이 놓여 있었다. 그의 작업실에 놓인 그와 어울리지 않은 의외의 물건들은 나의 호기심을 불러일으켰다.

그에 대한 기사는 꽤 흥미로웠다. 수준 높은 바이올리니스트인 그는 연구가 잘되지 않을 때마다 악기를 연주하며 영감을 얻어 다시 연구에 임할 수 있다고 했다. 보통의 예술가들은 영감이 고갈될 때 유흥, 음주, 가무, 금사빠 연애 등등 쉬운 도파민 폭탄 뮤즈를 찾아다녔다. 반면에 그의 방법은 굉

장히 건강하고 멋져 보였다.

　나도 그림이 그려지지 않고 아이디어가 막힐 때 음악으로 잘 헤쳐 나갈 수 있지 않을까 하는 아이디어가 떠올랐다. 그러면서 초등학교 때 그만둔 피아노에 대한 기억이 자연스럽게 되살아났다.

　엄마가 섭외한 나의 피아노 선생님은 이모 친구의 공주 언니였다. 그녀는 나에게 피아노를 가르치며 시시때때로 나를 불러냈다. 그러고는 자기와 싸운 남자친구가 뭐 하는지 들여다보고 오라는 임무를 나에게 주었다. 그녀의 연애가 꼬이면 나의 레슨 시간도 꼬였다.

　베토벤의 〈엘리제를 위하여〉와 반복적인 음표가 가득한 〈하논〉은 여덟 살인 나에게 생지옥이었다. 피아노를 배운다는 그 자체도 버거운데 공주 선생이 히스테리를 부리자 내 안에 짜증은 점점 쌓여 갔다.

초등학교 1학년 때 나의 고달픈 피아노 레슨은 막을 내렸다. 그 후 내 인생에 엘리제 언니의 저주가 시작되었다. 그 악보는 몇십 년 동안 내 머릿속에서 떠다녔다. 피아노만 보이면 곡의 도입부가 환청으로 들렸다. 시간이 흐르자 피아노를 볼 때마다 한 곡도 완성하지 못하고 퇴장한 내가 좀 별로라고 느껴졌다. 때마침 읽은 아인슈타인의 기사가 어릴 적 쳤던 피아노에 대한 기억을 떠오르게 했다. 그만두었던 피아노를 시작하는 것은 다시 나에게 주는 기회였다. 〈엘리제를 위하여〉를 다 배우고 나니 내 머릿속에 살던 엘리제 언니도 영원한 잠이 들었다. 초등학교 1학년 때 자발적으로 퇴장하며 정리를 하지 못한 피아노의 한 챕터는 그렇게 마무리되었다.

나는 지금도 꾸준히 피아노를 배우고 있다. 연주를 할 때면 과거 천재 작곡가들이 남겨 놓은 한 음 한 음이 악보에서 부활했다. 부족한 실력일지라도 이렇게 천재인 그들과 교감하는 시간은 특별했다.

삶의 스트레스가 쌓이면서 피를 따라 흐르는 부정적인 에너지는 나를 갉아먹었다. 그러다 아인슈타인의 기사를 읽고 피아노를 배우기 시작하자 부정적인 에너지는 긍정적으로 바뀌게 되었다.

나는 이제 삶의 스트레스가 허용 범위 이상 넘치면 내가 하고 있는 일을 가지치기한다. 최소한의 에너지를 쓰며 겨울잠을 자는 동물처럼 꼭 해야 하는 중요한 일만 남긴다. 그리고 악기를 배우고 연주하는데 남는 에너지와 시간을 투자한다. 이것이 나의 스트레스를 해결하고 창의적인 영감을 얻는 방법이다.

알을 까고 나온 기질

나를 이해하는 것이 천재로 가는 길

외할아버지 내외는 암탉이 울면 집안이 망한다는 생각을 갖고 계셨다. 나는 그 밑에서 보수적인 가정교육을 받고 자랐다. 그래도 내 안의 청개구리 기질은 죽지 않고 팔팔하게 살아 있었다. 어른들이 원하는 고분고분함이란 단어는 내 사전에 존재하지 않았고 하고 싶은 일은 꼭 해야만 했다.

그 당시 외할아버지와 사이가 좋지 않았던 이웃 할아버지는 친구들과 놀고 있는 나를 볼 때마다 외할아버지에 대한 화풀이를 나에게 하곤 했다.

"너는 어른을 보고 왜 인사를 안 하느냐?"

(아니, 몰입해서 고무줄놀이하고 있는데 내가 어떻게 보냐고)

"왜 길을 막고 있느냐?"

(아니, 길 귀퉁이에 헌 집 줄게 새 집 다오, 두꺼비 놀이하고 있는데 길을 막긴 뭘 막느냐고)

그는 우리 외할아버지와의 갈등을 어린 나에게 푸는 못난 어른이었다. 그의 말에 두 번까지는 눈을 내리깔고 '네.' 하며 토를 달지 않았다. 내가 액받이 무녀도 아니고 어이없는 이유로 그에게 세 번째 화풀이를 당했을 때 나는 하던 놀이를 멈추었다. 그리고 그의 뒤를 밟았다.

놀이터 가는 길에 있는 대형 회색 성냥갑을 닮은 집이 연로하신 못난이 가해자가 사는 곳이었다. 나는 그의 위치를 눈으로 확인하고 돌아왔다. 다음 날 그곳으로 찾아가는 나의 바지 주머니에는 돌이 한가득 들어 있었다. 그의 집 주위를 돌며 주변 동향을 살폈다. 그때 나는 동네에서 벽돌 치기로 단련된 꽤 괜찮은 명중률을 갖고 있었다. 내 주머니에서 꿈틀거리던 돌들은 완전 범죄를 꿈꾸며 유리창을 향해 날아갔다. 유리창이 와장창 깨지는 소리는 실로폰 소리처럼 청아했다. 성한 유리창 하나 남겨두지 않고 냅다 달렸다. 힘차게 달리자 소심한 복수를 이뤄 낸 행복감으로 웃음이 터져 나왔다.

그 사건 이후 나는 내가 받은 보수적인 가정교육을 이론으로만 유지하기로 했다. 그리고 행동은 나답게 달리기로 했다. 내 마음이 원하는 일이었다.

나의 경험으로 다른 사람들과 어울려 살려면 두 가지 방법이 있었다. 다수와 같게 보이는 가면을 쓰고 최대한 레이더망에 잡히지 않게 나의 진짜 모습을 감추는 방법과 타인과의 적정 거리를 유지하며 나의 감정에 솔직한 민얼굴로 사는 방법이었다.

나는 이 두 가지 방법 모두로 살아봤다. 가면을 쓰고 살면 잠깐은 편했다. 하지만 곧 심신이 미약해지며 화병이 찾아왔다. 반면 민얼굴로 사는 삶은 고되었다. 그러나 타인의 시선에서 벗어나 온갖 풍파를 겪더라도 마음만은 자유로워질 수 있었다. 일련의 사건을 통해 민얼굴로 사는 법이 더 나에게 맞았다.

더 큰 세상은 조용히 나를 부르고 있었다. 보수적인 가정 교육을 받으면서도 나의 활활 타는 기질 안에 있는 내 길을 일찍 깨달았다. 그렇기에 내가 다르다는 사실을 받아들이고 나에게 몰입할 수 있었다.

아찔한 절벽 바위를 뚫고 푸른빛을 뿜어내는 풀은 아름답다. 나는 그것처럼 해풍을 맞으며 언제 떨어질지 모르는 꽃과 잎을 흔들며 '나는 살아 있다.'라고 외치며 살고 싶었다. 내 안에 들어있는 천재성이 팝콘처럼 튀어나오는 그 순간을 만끽하고 싶었다.

내 마음의 소리는 용한 무당이다

개미같이 작은 마음의 소리를 쭉 따라가세요.
천재로 가는 길이 보일 것입니다

고요한 시간, 나는 이젤 앞에 앉아 작업하며 내면의 호수
에 잠수해 주변 소음을 차단한다. 마음의 소리는 그제야 나
와 대화를 시작한다. 대화 속에서 일어나는 생각은 나를 부
른다. 동굴 안으로 사라지는 토끼를 따라가는 앨리스처럼 그
생각을 따라 움직였을 때 앞서 여러 일화에서 서술한 내 인
생의 제정신 밖의 사건들은 시작되었다.

작가 셸 실버스타인은 말한다.

"우리의 내면에는 어떤 목소리가 있다. 그 목소리는 언제

나 내게 맞는 방향을 속삭인다. 그 어떤 스승, 부모, 친구, 심지어 현인이라 해도 나에게 맞는 것이 무엇인지 결정해 줄 수 없다. 그저 내 내면에서 들려오는 목소리에 귀를 기울여야 한다."

그의 말대로 나의 목소리는 항상 정답을 말하고 있었다. 선택의 길은 늘 내 앞에 놓여있었다. 그 갈림길에 서서 다가올 운명을 책임져 줄 판단은 신중하게 내리려 했다.

'내가 오늘 내딛는 이 발걸음은 나를 어디로 이끌까. 나는 이 익숙한 길에 머물러 있어야 하나? 아니면 불확실하지만, 모험이 가득한 새로운 길로 나아가 볼까?'

후회는 남기지 않으려 했다. 그리하여 나는 세계를 경험해 보기로 했고 내 마음의 소리를 따라 행동했다. 나의 호기심은 내 인생의 길잡이였다.

내가 영국에서 학업을 마치고 도미니카 공화국에서 일한

지 얼마 안 되었을 때, 어느 날 윗집에 사는 아줌마가 나를 초대했다. 그녀의 거실은 그림으로 벽 틈새 하나 없이 테트리스 조각처럼 메워져 있었다. 그녀는 자기가 가는 화실에서 그림을 배워 보지 않겠냐며 나에게 그곳 주소를 알려 주었다. 호기심은 나를 그곳으로 이끌었다. 화실 선생님은 그림을 그려 본 적이 없다는 나의 말에 가까운 플라스틱 의자를 가리키며 그려보라고 했다. 한참 후 돌아온 그녀는 내 그림을 유심히 보더니 말했다.

"너 정말 그림 배운 적 없니?"

"네."

"내 입술을 봐 봐. 그리고 내가 하는 말을 잘 들어."

고요한 화실에서 나는 선생님의 입모양에 모든 신경을 곤두세웠다.

"이 길이 네 길이야."

내가 그동안 품어 온 '나는 무엇을 하려고 태어났을까?'에 대한 질문을 지구 반대편에서 낯선 사람에게 듣다니. 멍하니 그녀의 입술만 쳐다보았다.

첫 수업 후 나는 먹고 자는 일도 잊고 주말 내내 물감을 덕지덕지 바르며 '예술'을 했다. 정신을 차리고 거울을 봤다. 퀭한 얼굴에 이상하리만큼 내 눈이 반짝이고 있었다. 나의 눈은 이것을 하기 위해 내가 태어났음을 말하고 있었다. 지금까지 그랬던 것처럼 내 마음의 소리는 단호했다. 나는 그 소리를 따라 직장을 그만두고 모아 둔 적금과 보험을 깨서 프랑스로 떠났다. 시도하지 않으면 두고두고 후회할 게 분명했다. 그렇게 나는 화가가 되었다.

니체는 말했다. 낙타처럼 남의 짐을 메고 끌려가는 삶은 내 것이 아니라고.

나는 매일 작고 큰 선택을 하며 도전을 통해 어떤 길을 걸을지 매 순간 내 마음에 묻는다.

'이 길을 걷고 싶어? 이 길이 너를 설레게 해?'
이 질문에 대한 대답만이 천재로 향하는 길의 지표가 되리라 확신했다.

육감, 나의 수호신

육감, 천재가 되는 길의 신호등

어렸을 때 처음으로 접하는 육감이라는 단어는 굉장히 매력적이었다. 나는 육감이 무엇일까 늘 궁금했었다.

이국적인 땅에 혼자 덩그러니 떨어져 하는 여행은 상식, 현명함과 더불어 예측 밖의 상황을 해결하기 위한 나를 지킬 무언가를 요구했다. 나는 육감이 나를 지켜 줄 동아줄이라 느꼈다. 날이 잘 갈린 육감은 곧 마음속에서 우러나오는 내적 신호였다.

오지로 혼자 여행을 다니면 예기치 못한 상황이 빈번하게 생겼다. 머릿속 이성적 판단은 3초 안에 상황을 파악해 내려져야 했다.

'이 사람을 피해야 하나? 앞에 놓여 있는 갈림길 중 어느 길로 가야 하나?'

어떻게든 낯선 환경에서 나를 보호하고 안전하게 집으로 돌아가야 했다. 위험을 경고하는 경보등인 육감은 좋은 결정을 알려 주는 나침반이 되었다.

도미니카 공화국으로 발령받아 갔던 날 비행기는 스페인 마드리드에서 경유를 했다. 갈아탈 비행기를 기다리며 공항 커피숍에 앉아 있는 시간은 목적지까지 가는 긴 여정에 잠시 숨을 고를 수 있는 쉼표였다. 갑자기 드르륵 의자 끄는 소리가 나더니 한 남자가 내 앞에 다짜고짜 앉았다. 나는 고개를 들어 그를 훑었다.

"쎄뇨리따~ 시간 있어? 쎄뇨리따는 어느 비행기를 타?"

그의 말에 바로 얼굴이 구겨졌다.

"나 혼자 있고 싶은데. 그리고 너한테 앉으라는 말은 안 했으니 딴 데 가서 앉을래?"

그는 내 스페인어를 잘 못 알아들었나 싶을 정도로 내 말을 무시하고 자기 말만 계속했다.

"쎄뇨리따~ 어느 나라에서 왔어? 몇 살이야?"

종종 어떤 변태적인 영상물을 보고 아시아 여자들에 대한 그릇된 편견이 생겼는지 알 수 없는 사람들이 있었다. 내 입에서 아나운서 뺨치는 발음을 장착한 스페인어가 그를 향해 날아갔다.

"꺼!져!"

이집트에서 나일강을 건너 '왕들의 계곡(Valley of Kings)'

에서 람세스가 만든 네페르타리의 무덤을 보러 간 때였다. 나 일강을 끼고 서쪽 지역은 왕과 왕비들의 미라가 누워 있었고 동쪽 지역은 목숨이 붙어 있는 사람들이 사는 곳이었다. 내가 책을 읽고 여기까지 왔다니 눈에 들어오는 모든 풍경이 경이로웠다.

커다란 자전거를 어깨에 메고 나루터로 이어진 계단을 내려가는 일은 버거웠다. 계단에서 한 남자가 나에게 도와준다며 잇몸이 훤히 드러난 웃음을 띠었다. 너무 피곤한 내 상태는 그 따뜻한 이방인의 손길을 가뭄의 단비로 여기게 했다. 나는 연신 고맙다는 말과 함께 그 사람에게 자전거를 넘겼다. 그 이집트 천사는 내 자전거를 메고 나루터에 도착하자 그것을 내려놓고 나에게 말했다.

"돈 줘!"

남자는 나를 뚫어지라 바라보고 있었다. 잇몸 미소는 어느새 사라지고 입을 앙다문 무서운 표정이었다.

"지금 돈 달라고? 내가 도와달란 얘기 안 했잖아. 네가 먼저 얘기한 거잖아. 지금 돈 뜯어? 애초에 돈을 원하면 헷갈리게 도움이라고 얘기하지 말고 너의 의사를 확실히 표현해. 너는 분명히 도움을 준다고 했고 돈 얘기는 하지도 않았어."

친절을 가장한 날카로운 호의에 찔리자 말이 속사포처럼 쏟아져 나왔다.

때가 꼬질꼬질한 터번을 쓴 그 남자는 오늘 나에게 꼭 돈을 받아 내야겠다고 작정을 했는지 계속해서 떼를 썼다. 그러거나 말거나 나는 깨끗하게 그를 무시하고 자리를 떴다.

온 나라를 다니며 별의별 사람들과 예상 밖의 경험을 하며 뇌 안에 데이터는 차곡차곡 쌓여갔다. 그에 따라 나의 육감도 발전했다.

비포장도로인 삶에서 육감은 나에게 아스팔트였다. 육감은 나를 배신하지 않았다. 그 힘이 느껴지는 순간이 바로 주의를 기울일 때였다. 곤경에 빠질 수 있는 어려운 상황은 육 감에 의존해 헤쳐 나갔다. 야생동물처럼 날 선 육감은 내가 선택의 갈림길에 섰을 때 나에게 등대가 되어 주었다.

육감이 무뎌지지 않게 주기적으로 마음 깊은 곳으로 침잠 하며 전파탐지기를 켜는 일은 중요했다. 천재성을 가진 생명 은 육감을 신호등으로 삼아 자기 방식대로 충실한 삶을 살다 자연으로 돌아갔다.

장애물을 물리쳐
나의 꿈을 구한다

*My dream is
a genius grandmother*

첫 열쇠를 발견하다

해이해진 천재에게 가해지는 정신적 충격요법, 도전

한국을 떠나기 전의 나의 삶은 숨이 막혔다. 대학을 가기 위해 학교에서 늦게까지 자율학습 하며 보내는 시간은 지루했고 우울했다. 그나마 내가 할 수 있는 일탈은 학교-집이란 확정된 동선에서 새로운 길로 걸으며 끊임없이 상상하는 것이었다.

튀지 않게 사는 삶은 쉬웠다. 기성세대들이 하라는 일을 하고 남들이 뭘 하는지 기웃거려 따라 하면 되었다.

'하지만 제일 중요한 나의 정신은? 나의 의지는? 나는 그

삶에서 과연 살아 있음을 느낄까? 그런 삶을 사는 게 내가 태어난 이유일까?'

이런 질문들은 나의 뒷머리를 잡아당기고 있었다. 정신없이 가는 무리에서 빠져나오기는 쉽지 않았다. 내가 어디로 가야 하는지 혼자 조용히 생각하는 시간은 나를 단단하게 다지고 있었다. 흐르는 강물을 거슬러 오르는 연어들처럼 나에게 갑자기 없던 힘이 솟아났다. 내가 주인이 되어 내 삶을 예술적으로 만들어 보고 싶었다. 나아가야 할 길이 느껴지는 듯했다.

나의 세계 배낭여행은 중국에서 대학에 다니다가 시작되었다. 한국에 있는 가족들과 쓸데없는 잡음을 피하고자 중국 내륙으로 여행 간다는 거짓말은 필수였다.

그 당시 배낭여행 초짜인 나에게 효율적으로 짐을 싸는 법이란 없었다. 탁상 자명종까지 챙겨 넣은 잡동사니로 가득한 배낭의 무게는 늘 10~13킬로였다. 여행 경비는 항상 부족했지만 대신 시간은 많아 하루 평균 10시간 이상을 걸었다. 여행 중 마주하는 모험을 통해 정체되어 있던 뇌 안의 묵은 때는 서서히 벗겨졌다. 최소한의 경비로 언어가 통하지 않는 곳에 있다는 전제 조건은 삶의 모험 생산라인을 쉬지 않고 가동했다.

슈퍼에서 파는 대형 식빵과 쨈은 여행 중의 식비를 아끼기 위한 최적의 식단이었다. 나는 길모퉁이에 앉아 배낭에 기대 끼니를 때웠다. 앞에 펼쳐진 이국적인 풍경으로 나의 조악한 식단은 풍성해졌다. 수돗물을 마시고 빵 봉지의 바닥이 보일 때까지 먹는 한 끼는 결코 나를 슬프게 하지 않았다. 오히려 그 어느 때보다 내가 살아 있다고 느끼게 했다.

스페인을 여행하던 어느 날 비싼 숙박 비용에 놀란 나는 그날 밤 버스 터미널 공중화장실에서 신문지를 깔고 자야 했다. 문득 무슨 부귀영화를 누리겠다고 지구 반대편에 아무도 모르게 와서 내가 이러고 있나 하는 오만가지 생각이 떠올랐다. 따뜻한 집을 놔두고 책상 자명 시계를 포함한 온갖 잡동

사니로 눌러 담은 10킬로그램의 배낭을 보고 있자니, 내가 소라게처럼 느껴졌다. 하지만 신기하게도 몸은 힘들었을지 언정 정신은 그 어느 때보다 갓 잡아 올린 싱싱한 물고기처럼 파닥거리고 있었다.

'일단 대학에만 들어가. 거기서 너 하고 싶은 거 다 해!'란 플래카드 밑에 꺼져가는 정신의 불을 붙잡고 좀비처럼 살아 내던 그 시간과는 비교할 수 없었다.

젊어서 고생 사서 한다는 할머니가 자주 쓰던 속담이 떠올랐다.

'이런 걸 사서 고생한다고 하는 걸까? 사서도 한다는데. 그래, 내 나이 스물한 살. 마음껏 고생해 보자!'

스페인의 남쪽 도시 세비야의 버스 터미널 안 공중화장실 변기 옆 깨달음이었다. 머릿속에서 풍경 소리 같은 청아한 종소리가 희미하게 들려왔다.

'젊어서 고생 사서 한다.'

삶을 대하는 자세의 문을 여는 첫 번째 열쇠는 그렇게 내
손에 쥐어졌다.

독수리의 날개를 꿈꾸며

자신이 가진 날개를 최대치로 키우는 길은
천재로 가는 길과 닿아 있다

나는 공부하라는 소리를 별로 듣지 않고 자랐다. 집안 어른들은 항상 각자의 일로 바빴기 때문이었다. 당연히 내 학교 공부와 준비물, 숙제를 살뜰하게 챙겨 주는 사람은 없었다.

초등학교 방과 후 집으로 오는 길은 늘 분주했다. 실내화 가방을 휘두르며 애들과 장난을 치거나 잡기 놀이를 하거나 곤충 몇 마리 쫓는 일이 다반사였다. 그러다 보면 어느새 틀림없이 외웠다고 생각한 숙제와 준비물 리스트는 머릿속에서 깨끗하게 사라지고 없었다. 갖고 왔다고 생각한 알림장도 책가방에 없었다.

나는 공부를 잘하는 편이어서 선생님은 내가 숙제를 빠뜨려도 종종 모른 척해 주며 혼을 내지 않았다. 하지만 친구들에게 준비물을 빌리는 횟수가 잦아지자 슬슬 짜증이 나기 시작했다. 그래서 정신을 차리고 공책에 준비물을 꼼꼼히 써 내려가기 시작했다. 내가 사기 어려운 준비물은 일하고 있는 엄마에게 전화해서 꼭 사 오라 신신당부를 했다. 자잘한 용품은 문방구에 들러 내가 직접 샀다. 할 수 있는 숙제는 스스로 했다. 나는 그때부터 다짐했다.

'내가 나를 돌봐야겠다. 믿을 사람은 나밖에 없다.'

공책 안에 내용은 해야 할 일과 챙길 준비물에서 인생에 대한 전반적인 계획으로 자연스럽게 확장되었다. 스스로 일을 도모하고 미래를 상상하며 계획을 현실로 만들기 위해서는 해야 할 일을 찾아야 했다. 그렇게 독립적인 애어른은 만들어졌다.

살가운 어른들에게 챙김을 받고 있는 친구들은 주변에 많았다. 나는 가끔씩 그들이 부럽기도 했지만 바쁜 어른들 덕분에 간섭이 없어 내 삶이 자유롭다고 느낄 때도 있었다. 따뜻한 보살핌을 받아야 할 때 차가운 바람을 맞으며 스스로 행동하고 책임을 지는 내 삶도 꽤 괜찮았다. 때때로 내가 가고 있는 방향이 맞는지 두려웠지만, 잘하고 있다며 토닥이며 나를 믿고 갔다. 망망대해를 항해하는 일인 통통배 선장은 늘 깨어 있어야 했다. 하지만 몰려오는 파도를 스스로 넘었을 때 청룡열차를 타는 듯한 짜릿함은 이루 말할 수 없었다.

이제까지 내 삶에 배달된 크고 작은 인생의 모의고사는 대부분 혼자 힘으로 치러냈다. 어느새 나의 내면은 단단해져 있었고 자신감도 붙어 있었다. 드디어 오매불망 기다리던 주민등록증이 나와 이제 부모의 손을 떠나 합법적으로 나를 육아하게 되었다. 그것을 손에 쥐자 앞으로 나를 잘 키워 보겠다는 마음이 커져만 갔다.

내가 살던 할머니 집 처마 밑에는 해마다 제비가 둥지를 틀었다. 매년 제비 신혼부부는 먹이를 열심히 실어 나르며 새끼들을 끼웠다. 그들이 집에 없을 때 나는 가끔 사다리를 타고 올라가 새끼들의 상태를 관찰했다. 입을 찢어지라 벌리며 애타게 부모를 기다리는 모습은 안쓰럽기도 했다. 내가 올라갈 때마다 쑥쑥 크는 그들은 몰라보게 달라져 있었다.

어느 날 새끼 새들은 둥지 모서리에서 비행연습을 시작했다. 그리고 며칠 되지 않아 모두 떠나고 빈 둥지만 남았다. 그 모습을 보고 나도 둥지를 떠나 훨훨 나는 새가 되는 꿈을 꾸었다. 새끼 제비의 첫 비행이 얼마나 짜릿했을지 나도 느껴보고 싶었다.

시간이 지나 애어른이 된 나는 먼저 하고 싶은 일과 이루고 싶은 꿈의 목록을 적었다. 그리고 그 목록을 세분화시켜 단계별로 나누었다. 아리송한 것이 생기면 도서관과 서점을 찾았다. 남극을 탐험한 사람들의 여행기, 나치 수용소에서 살아남은 사람들의 일화, 예술가들의 전기, 트라우마를 극복한 사람들의 이야기 등등, 책에서 그들이 어떻게 난관을 극복하고 일을 성사시켰는지 아이디어를 얻었다. 그들의 고군

분투에 비하면 나의 문제는 새 발의 피였다.

　책은 내가 처한 여러 문제를 풀 수 있는 힌트를 찾아 멀리 나는 방법을 알려 주고 있었다. 방법을 깨달을 때마다 내 뒤에 날개도 점점 커져갔다.

준비된 자에게 피어나는 기회

잠이 들지 않고 등불을 지켜내면
천재가 되는 순간이 찾아온다

역사 속에는 잔 다르크형 천재들과 그리스 비극 걸작선형 천재들이 있다. 전자는 전속력으로 달려드는 불행한 운명을 테니스공 후려치듯 쳐내 진정한 인간승리를 보여 준다. 반면에 후자는 알코올중독, 성 문제, 정신 이상, 우울증, 투신 등등 폭탄을 가득 싣고 달리다 탈선하는 열차다. 열차는 불꽃놀이처럼 터지며 그렇게 재가 된다.

오랜 세월 대중들은 인생이라는 무대를 극적으로 퇴장하는 불운한 천재에 대해 이렇게 말했다.

"천재라서 그래.", "요절한 천재. 천재는 뭐가 달라도 달라."

비운의 천재는 천재 무리 속의 슈퍼스타쯤으로 기억되고 우상화된다. 대중들은 계속해서 비극적 결말의 '무삭제 감독판'을 알고 싶어 한다. 간단한 예로 고흐도 그렇다. 독특한 그의 화풍과 함께 귀를 자르는 뜨악한 일화는 그를 더욱 유명하게 했다. 누워있는 그도 별로 반박하지 못할 사실이다.

비운의 생을 마감한 천재들은 창작이라는 화염에 휩쓸려 소멸하였다. 그들은 서서히 끓는 가마솥 안의 개구리였다. 스스로 지핀 열정의 불은 그들을 서서히 집어삼켰고 그들은 알게 모르게 그렇게 꺼져갔다.

어렸을 때 만약 누군가 나에게 선택권을 주었다면 나는 고통스러운 삶을 사는 정신세계가 난해한 천재를 선택했을까? 아니면 평범한 일반인으로 남았을까?

나는 불행하고 괴로운 삶을 살았다고 하더라도 천재의 눈으로 보는 세상을 느끼고 싶었다. 지금까지 살면서 다른 사람들이 노력해서 나온 일의 결과는 나에게 늘 감탄사를 불러일으켰다. 그런 일들을 자주 경험하게 되자 문득 우리가 모두 천재로 태어났다는 확신이 섰다. 그저 삶에 치여 자신이 천재라는 기억을 잃어버린 망각형 천재와 자신이 천재라는 사실을 아득바득 기억해 내며 살아가는 악바리형 천재만이 있을 뿐이지만 말이다. '천재 vs 일반인'이라는 이분법적 사고는 존재하지 않는다.

하루 종일 농사일에 지쳐 헛간에서 쓰러져 잠을 자던 농부의 하인에게 고급진 옷을 입고 나타난 한 무리의 사람들이 말했다.

"여기 계셨군요, 폐하! 어서 저희와 함께 궁정으로 가시지요."

그 순간, 그 말에 이렇게 대답할 수 있는 사람이 도대체 몇

이나 있을까?

"이제야 나타났구나. 어서 가자."

악바리형 천재가 찐 천재로 드러나는 순간도 이렇게 느닷없이 들이닥친다.

나는 중학교 때 세례를 받기 위해 성당에서 몇 주 동안 교리시험을 준비했다. 그중 유일하게 내 마음을 뚫고 들어와 살아남은 구절이 있다.

'허리에 띠를 띠고 등불을 켜고 서 있으라.'

그 구절은 중요한 존재의 방문을 대비해 몸과 마음 그리고 영혼을 준비시키고 게으른 상태로 있지 말라는 뜻이었다. 내 삶의 각 단계에서 중요한 존재의 모습은 다른 얼굴을 하고 있었다. 그 당시 내가 등불을 켜고 기다리는 중요한 존재란 세상으로 나가 모험하는 꿈을 완성할 기회였다. 지금의 나에게 그 존재는 내면의 천재성을 찾아 발휘할 수 있는 순간으로 바뀌었다.

매일 등불을 지키기 위한 노력은 나의 내면에 대한 관심부터 시작되었다. 몸의 상태가 좋지 않으면 쉬면서 좋은 음식을 먹으며 잠을 보충했다. 운동은 빼놓지 않고 하며 정해 놓은 하루 계획을 이어 나가려고 노력했다. 내가 머무는 곳의 정리정돈을 가지런히 했고 주기적으로 도서관을 찾았다. 내 하루 안에 게으름과 무기력한 상태가 불청객처럼 불쑥 들어오지 않게 주의를 기울였다. 영양을 사냥하기 위해 덤불에 몸을 숨긴 채 꼼짝하지 않고 기다리는 사자처럼 그렇게 밀도 있는 순간을 살고 싶었다.

바쁜 생활 속에서도 천재로 타오르는 순간을 잡기 위한 노력은 계속되었다. 나는 등불을 지키며 깨어 있는 순간이 좋았다. 꾸준하게 천재라는 목표를 향해 준비하는 과정은 등불을 타오르게 하는 연료가 되었다. 그렇게 천재가 되는 순간을 맞이하는 꿈은 내 곁에 항상 있게 되었다.

관계 분리수거의 중요성

천재가 되려는 자의 족쇄는 청산하지 못한 인간관계다

고등학교 점심시간 후 5교시 윤리 시간, 쓰나미처럼 몰아치는 잠과 함께 들리는 선생님의 목소리는 나에게 백색 소음의 자장가였다. 그때 맹자의 성선설과 순자의 성악설에 대한 설명이 졸음을 비집고 내 귀로 들어왔다. 나는 그 생각과 함께 졸음에서 서서히 깨어났다.

'나는 선한가? 내 짝은 선한가? 지가 좋아하는 남자애가 나랑 같이 다닌다고 나에게 도끼눈을 뜨고 괴롭히는 저 날라리도 원래는 선했는데 잠깐 열받아 흑화한 걸까?'

성선설과 성악설의 내용은 흥미로웠다. 그 뒤로 사람을 볼 때 맹자가 맞는지 순자가 맞는지 나의 경험을 토대로 통계를 내어 보기로 했다. 결과는 나도 모르겠다. 그나마 내가 터득한 깨달음은 '한 길 물속은 알아도 열 길 사람 속은 모른다.'는 속담이 심심해서 생긴 건 아니라는 점이었다. 사람은 착하면서도 악하고, 악하면서도 착한, 간사하고 이해하기 어려운 야누스적인 동물이었다.

우리는 모두 마음먹기에 따라 변신할 수 있는 사회성이라는 옷을 입고 있는 동물이다. 사람의 마음 안에 사는 나쁜 늑대에게 먹이를 주면 그의 몸집이 커져 좋은 늑대를 잡아먹는다. 하지만 반대로 마음 안의 좋은 늑대가 커지면 나쁜 늑대의 파수꾼이 된다.

내 주위에 원칙과 원리를 중요시하며 예의를 우선으로 생각하는 사람이 있었다. 그녀의 그런 모습은 근사해 보였다. 우리의 대화 속 그녀가 하는 말에는 그녀가 지금까지 살아오며 지켜온 예의와 원리, 원칙이 녹아 있었다. 그녀는 그 원칙과 원리에 어긋나는 행동을 하는 사람들을 몹시 싫어했다. 그녀가 삶을 대하는 자세는 나의 호기심을 자극했다.

시간이 지나면서 대화가 쌓이자 나에 대한 그녀의 태도가 점점 뾰족하게 바뀌기 시작했다. 그녀는 나보다 많이 아는 분야의 지식을 자랑하듯 알려 주면서 다른 의견을 내는 나를 찍어 눌렀다. 때로는 자기의 말을 잘 알아듣지 못하는 나에게 빈정대는 투로 이야기하기도 했다. 나는 끓는 냄비에 손을 덴 듯 반걸음 물러서서 점점 무례하고 이상하게 변하는 그녀를 다른 각도에서 관찰하기 시작했다. 그러는 도중 그녀가 나에게 자세를 낮춰 자신의 급한 사정을 얘기하며 돈을 빌려 달라고 했다. 나는 그녀의 약속에 대한 철학을 대화를 통해 알고 있었기에 도움을 주기로 했다. 기한 안까지 돌려준다는 그녀의 말은 나를 안심시켰다.

돈을 돌려줄 날짜가 지났는데도 그녀는 그 일에 관한 이야기를 하지 않았다. 내 머릿속의 그녀와 돈을 빌려 간 그녀가 동일 인물이라면 약속을 칼같이 지키고 성실하게 이행해야 했다. 그녀는 오히려 돈을 돌려 달라는 나의 메시지를 읽고 답하지 않기 시작했다. 그녀의 마음에 나쁜 늑대가 우세했던 걸까.

자신만의 피치 못한 사정을 내세워 약속을 지키지 않는 그녀가 한없이 초라해 보였다. 그녀에게 못이 박히게 들은 원리, 원칙, 예의라는 단어들도 그녀와 함께 우습게 여겨졌다. 그녀에게 빌려준 돈은 받고자 한 날의 기한이 한참이 지난 후에야 돌아왔다.

그 경험은 나에게 모든 사람과 꼭 함께 가야 할 필요가 없다는 사실을 가르쳐 주었다. 유통기한은 모든 사물에 존재하고 사람의 관계에서도 그렇다. 나는 내가 세운 규칙에 따라 관계를 분리수거하기로 했다.

1. 내 삶에 들어온 누군가가 부정적인 기운을 내뿜으며 나의 하루를 갉아먹는 경우
2. 상대방이 나의 시간과 노력과 에너지와 돈을 착취하는 기

생충으로 바뀔 경우

3. 한겨울 밖에서 떨고 있는 고슴도치를 도와준 뱀의 우화처럼 은혜를 모르는 뻔뻔한 갑질형 고슴도치로 바뀌는 경우

4. 좀 친해졌다고 나에게 기분대로 말을 던지기 시작하는 경우

5. 크고 작은 약속을 지키지 않는 경우

서로의 다름을 존중하고 인연의 소중함을 아는 상대방은 나의 선의의 에너지를 제대로 작동시켰다. 좋은 관계는 오랫동안 유지된 반면 그 반대일 때는 더러운 시궁창에 발 한쪽 빠졌을 때와 같은 느낌으로 인연에 마침표를 찍고 끝났다.

관계에서 상처를 받고 무기력해져 있던 어느 날, 나는 책에서 노자의 글귀와 마주했다.

'누군가 너에게 해악을 끼쳐 복수하고 싶더라도 화를 참고 강가에 고요히 앉아 강물을 바라보아라. 그럼 머지않아 그의 시체가 떠내려올 것이다.'

그의 글을 읽고 더는 어그러진 관계에 대해 부정적인 감정은 들지 않았다.

이제 관계가 어긋나면 그건 상대방의 잘못이 아닌 적정거리 유지에 실패한 나의 실수라 여기게 되었다. 그동안 내가 쏟아부은 매몰비용이 아깝더라도 오히려 크게 배웠고 감사했다. 빨리 정신 차리고 관계를 정리해서 다행이라는 생각도 들었다.

그럴 때마다 미국의 작가 로이 티 베넷의 말이 떠올랐다.

"당신이 만약 날고 싶다면 당신을 아래로 끌어당기는 모든 것을 버리세요."

나를 아래로 끌어당기는 부정적인 관계는 쓰레기통에 조용히 버려졌다. 꿈을 향해서 나아가는 길에는 가뿐하게 딱 필요한 짐만 지고 가면 되었다. 천재 할머니가 되기까지 할 일은 많고 시간은 귀했다.

공포의 제이슨을 마주하다

공포를 품고 천재를 향한 아우토반을 달린다

우리 집의 명절맞이는 항상 동네 목욕탕에서 시작했다. 깨끗한 몸으로 제사를 지내야 한다는 집안 어른들의 말씀 때문이었다.

내가 일곱 살, 명절이 얼마 남지 않은 날이었다. 이른 새벽 나는 엄마와 함께 동네 목욕탕으로 향했다. 너무 이른 시간이라 목욕탕 안에는 사람이 많지 않았다. 나는 때를 미느라 분주한 엄마를 놔두고 아무도 없는 탕 안에 들어가 물을 휘저으며 놀았다. 그러다 순간 헛디딘 발은 물 밖으로 나오려는 나를 탕 안으로 자꾸 들이밀었다. 한참 허우적대며 목욕탕 물을 마셨다. 문득 혼자서 일어서지 못하는 상황에 무서운 생각이 들었다.

'이렇게 죽는 건가?'

그러자 몸에서 힘이 빠져나가 편안해졌다. 눈을 뜨자 물속으로 굴절된 뿌연 불빛을 받아 수면에 동동 떠다니는 이물질들이 눈에 들어왔다.

'그동안 내가 만들어 도랑에 띄운 종이배 선체 밑바닥이 아래서 봤다면 저랬을까? 그 종이배는 어디까지 흘러갔을까…?'

이상한 생각이 꼬리를 물고 이어지며 내 눈앞의 종이배들은 점점 흐릿해졌다. 갑자기 얼굴 비슷꾸리한 형체가 수면 위에 나타났다. 그렇게 나는 목욕탕에 들어온 어느 아줌마의 손에 잡혀 불려 놓은 빨래 더미 건져지듯 올려졌다. 목욕탕 바닥에 널브러져 마셨던 탕 안의 물을 다 토해내려고 컥컥 댔다. 깜짝 놀란 엄마는 평소 같았으면 어림도 없었을 목욕탕 안 먹거리를 나에게 맘껏 골라 보라며 사주었다. 당연히 조건부였다.

"아빠한테 얘기하지 마!"

나는 그 이후 물 근처에는 얼씬도 하지 않았다. 물만 보면 몸서리가 쳐지는 반응은 당연했다.

오랜 시간이 지나 TV에서 한 다큐멘터리를 보게 되었다. 곤충 트라우마가 있는 사람을 치료하는 내용이었다. 치료사는 흥미롭게도 거미를 보면 공포로 순식간에 몸이 마비되는 사람에게 작은 거미로 치료를 시작했다. 거미를 보고 있자니 잊고 있었던 물 공포증이 스멀스멀 떠올랐다. 나는 그동안 각종 어려움에 '까짓것 하면 되지.'로 최면을 걸고 씩씩하게 마주했다. 하지만 물은 나에게 '까짓것 하면 되지!'의 차원을 넘어서는 공포였다.

영화 〈13일의 금요일〉 속의 여주인공은 살인마 제이슨을 피해 비명을 지르며 죽을 때까지 도망다녔다. 공포에 쫓겨 다니는 멍청한 여주인공의 삶, 나는 돌연 평생 내 안에 공포를 담고 살고 싶지 않다는 중대한 결심을 내렸다.

내가 물에 대한 공포를 이겨내려면 대야에 발을 담그고 풍덩풍덩 발차기부터 시작해야 했다. 먼저 마음에 드는 수영복을 찾기 위해 많은 시간을 투자했다. 제이슨을 물리치는 일이라 장비 발이 필요해서였다. 이어서 바로 수영 강습을 등록했다.

나는 가끔 동작을 멈춘 채 물속에 떠있었다. 죽는다고 생각했던 일곱 살, 그 뿌연 불빛에 비쳤던 물속 풍경이 떠올랐다. 내가 도랑 위에 띄운 얇은 종이배들이 어디까지 갈을지 궁금해졌다. 그들은 일단 물 위에 오르면 씩씩하게 앞으로 나아갔다. 가다가 난파할 거라는 생각은 조금도 없는 듯했다. 우리의 삶도 그렇지 않을까 싶었다. 내 안의 제이슨 1, 2, 3… 을 물리치는 이 시간을 살아내면 나라는 종이배는 어디까지 떠내려갈 수 있을까? 용기가 필요한 인생의 항해였다.

수영장에 들어오면 의식 속에 떠오르는 '이게 될까? 어차피 안되지 않을까?'는 싹싹 지웠다. 그리고 용기를 내어 물속으로 들어가 반복적으로 떠오르는 7살 죽음의 순간과 마주했다. 물에 들어가 숨이 차오르면 그때의 공포도 함께 올라왔다. 나는 그럴 때마다 수영장 바닥에 발을 딛고 숨을 고르며 할머니의 말을 생각했다.

"까짓것 죽기 아니면 까무러치기여."

나는 수영을 할 때마다 이 의식을 반복했다.

'내가 물속에서 죽기 아니면 까무러치기 전에 저 잘생긴 수영 샘이 구해 주겠지.'

둘러보니 나를 구해 줄 동아줄은 널려 있었다. 제이슨 1, 2, 3…에 대한 공포로 눈이 멀어 보이지 않았을 뿐이었다.

물 공포증을 극복한 후 깨달은 사실이 있다. 내 안의 공포와 마주할 때 눈을 감지 않고 나아간다면 나의 두려움은 점점 옅어진다. 용기로 장착된 나의 마음은 점점 단단해진다. 그 마음은 천재를 향한 꿈을 갖고 인생의 물살을 헤치는 내 종이배의 튼튼한 돛이 될 게 분명했다.

피그말리온 주문

천재의 고집은 '못 먹어도 고'다

그리스 신화에 나오는 조각가 피그말리온은 상아로 여인을 조각한 후 갈라테이아라는 이름을 붙였다. 그는 조각상과 사랑에 빠져 조각상이 진짜 여자로 변하게 해 달라고 소원을 빌었다. 피그말리온의 간절한 소망으로 갈라테이아는 사람으로 변하고 둘은 행복하게 살았다.

이 신화에서 유래된 피그말리온 효과는 긍정적인 기대나 관심이 사람에게 좋은 영향을 미치는 상태를 말한다고 한다. 무언가를 간절히 원하고 놓지 않고 열심히 하면 기대하는 바를 이룰 수 있다는 뜻이다.

천재 할머니를 찾습니다!

나도 살면서 피그말리온이 되어 소원을 이룬 적이 있다. 원하는 일을 오매불망 붙들고 이룰 수 있을 때까지 방법을 찾아다니면 결국 이뤄졌다. 나의 집착이 이룬 성공률은 거의 백 퍼센트였다.

지금까지 나의 갈라테이아는 이러했다.

1. 여덟 살 때 호세 마르티의 「과테말라의 소녀」라는 시를 읽고 언젠가 가겠다고 다짐한 과테말라를 스물한 살 때 3박 4일 걸려 갔다.

2. 한국을 떠나 살아 보겠다 결심한 후 엄마 도장 파서 학교에 휴학서를 제출했다. 아르바이트 한 돈으로 중국에 가서 중국 대학에 편입하고 졸업했다.

3. 영국에서 살아 보고 싶어 왕복 비행기표와 단돈 백만 원을 들고 런던으로 갔다. 벼룩이 득실거리는 집에서 살며 일과 공부를 병행했다.

4. 이국적인 나라에서 일해 보고 싶다는 열망으로 카리브 지역 도미니카 공화국에서 일자리를 찾았다.

5. 서른 전에 3개 국어를 한다는 목표를 세우고 스물한 살에 그 목표를 이뤘다. 그리고 지금은 5개 국어를 할 수 있다.

6. 세계를 알고 싶다는 간절함으로 배낭을 메고 서른 개가 넘는 국가를 혼자 여행했다.

7. 영화 〈인디아나 존스〉의 모험을 동경해 과테말라 정글을 탐험하며 박쥐 동굴을 찾아다녔다.

8. 나의 꿈을 찾고 싶다는 목표 하나로 세계 여행을 다니다 도미니카 공화국에서 화가라는 꿈을 만났다.

9. 초등학교 때 영화 〈아라비아의 로렌스〉를 본 후 사막 횡단을 꿈꾸며 스물두 살에 사하라 사막을 달렸다.

10. 파일럿이 되어 하늘을 날고 싶다는 꿈 대신 스페인 상공 2,000미터에서 남자들을 제치고 먼저 낙하산을 타고 뛰어내렸다.

11. 늘 책을 쓰고 싶다는 생각을 잊지 않았더니 이렇게 글을 쓰고 있다.

  나는 늘 해 낼 수 있다는 믿음을 갖고 목표를 향해 돌진하는 돈키호테였다. 이번에도 나의 전국 수영대회 참가는 그 믿음을 기반으로 결정되었다. 그러나 내가 아무리 해내고자 하는 일에 대한 집착이 심하다고 해도 내가 수영을 배운 기간은 고작 두 달뿐이었다. 물공포증이 언제 발동될지 모르는 그 실력으로 전국 수영대회 도전은 정신 나간 일이었다. 돌덩이 갈라테이아를 인간 여인네로 만들기 못지않은 무모한 짓이었다.

  시합 일이 다가올수록 경기 출전에 대한 정신적 압박은 점점 심해졌다. 전산 서버 에러로 오백 명이었던 정원이 팔백

명으로 늘어났다. 주최 측은 원하는 사람에게 환불을 해 주
겠다고 공지했다.

'좋은 의견 감사해.'

마음이 잠깐 흔들렸지만 고개를 저어 생각을 떨쳐냈다.

'할 수 있다.'

나의 간절한 피그말리온 주문은 경기 당일까지 계속되었
다. 그 주문의 꼬리에는 늘 '할 수 없다.'가 붙어 다녔다. 내 실
력이 어떤지 누구보다 정확하게 알기에 나의 마음은 늘 절망
으로 치달았다. 그러고 보면 나는 꽤 양심적인 인간이었다.

어느 책에서 읽은 19세기 말 미국 사상가 랠프 월도 에머
슨의 말이 떠올랐다.

"천재는 자기 생각을 믿는 것에서부터 시작된다. 천재성을

발휘하려면 자신이 좋아하는 일을 찾아 믿고 인내하고 꾸준하게 가라."

내가 스스로 멈추거나 쉬지 않으면 언젠가 내가 이길 수밖에 없다는 진리였다. 그러나 코앞에 닥친 전국 수영대회에서 이 진리를 현실화시키기에 나에게 주어진 시간은 너무 짧았다.

나는 일단 목표를 쪼개서 작게 잡았다. 그 작은 목표는 이번 대회에서 '포기하지 않고 후퇴하지 않는다'였다. 나는 대회에서 완주하여 천재 할머니의 초석을 다져 보기로 했다.

꿈의 지원군

깨달은 자의 도움은
천재의 지름길을 다지는 콤팩터

사전에서 '선생'이란 단어의 뜻을 찾아보았다.

*선생: 도를 깨달은 자, 덕업이 있는 자, 성현의 도를 전하고 학업을 가르쳐 주며 의혹을 풀어 주는 자, 국왕이 자문할 수 있을 만큼 학식을 가진 자, 관아에서 앞서 근무했던 관직자, 학교에서 학생을 가르치는 교원 등을 칭하는 역사 용어.

나는 지금까지 동서양의 '도를 깨달은 자'에게 많은 배움을 얻었다. 감사한 일도 많았다. 나는 인복이 있고 배움에 운이 좋아 좋은 선생님을 많이 만났다.

풍부한 지식과 경험을 바탕으로 배우려는 자의 문제점을 보자마자 용한 무당이 되는 스승이 있다. 나는 그들을 신내림 받은 족집게형으로 분류한다. 배우려는 자는 그들에게서 개선할 방향을 터득해 깨달음을 얻는다. 깨달은 자의 가르침은 열정 그 자체이다. 이런 깨달은 자를 만날 때 배우려는 자는 광활한 토끼풀밭에서 네잎클로버를 발견한 순간과 맞먹는 행복을 느끼며 정진한다.

족집게 형의 깨달은 자만 만나게 된다면 배우는 길은 늘 평탄하다. 그러나 나는 나랑 맞지 않는 깨달은 자도 많이 만났다.

자신의 앎을 과시하고 때로는 비속어를 써가며 다그치는 권위적인형, '내 말을 들어, 내 말이 진리야.'를 시시각각 주입하며 말을 듣지 않으면 '네가 어디 얼마나 가나 보자 내 두고 본다.'의 꼰대형, 예뻐하는 애만 콕 찍어 관심을 주는 편애형 등등이 있었다.

'세 사람이 길을 가면 반드시 나의 스승이 있으니, 그중 선한 자를 골라 그를 따르고, 선하지 않은 자를 보고 나 자신을 고친다.'라는 뜻의 '삼인행, 필유아사언'이란 말이 있다. 학생 때부터 공자의 이 말은 내 마음에 자리 잡았다.

내가 배웠던 각 선생님의 가르치는 방식과 행동은 나 자신을 돌아보게 했다. 자질이 평균 이하이거나 나와 맞지 않는 선생님은 어느 곳에나 있었다. 그러면 나는 시간을 낭비하지 않고 바로 짐을 꾸려 더 좋은 스승을 찾아 떠났다.

좋은 스승을 만날 때까지 끊임없는 만남과 이별은 계속되었다. 그 과정을 통해 나에게 맞는 스승을 알아보는 눈이 생기게 되었다. 어떤 관계든 나와 맞지 않는 사람을 인정하고 거부할 수 있어야 했다. 그렇게 함으로써 내 삶의 목표는 큰 흔들림 없이 견고하게 나아갔다.

나는 삶에서 배우고자 하는 목표가 생기면 바로 깨달은 자를 탐색했다. 그가 나를 도와 금광맥처럼 묻혀 있는 나의 잠재력을 발굴해 주리라 믿기 때문이었다.

나를 천재로 향하는 길의 인도자는 족집게형의 깨달은 자였다. 각 분야에서 '도를 깨달은 자'와 함께 하는 순간은 즐거웠다. 그의 도움을 받아 내가 꿈을 향해 조금씩 나아가고 있는 변화가 느껴졌다. 그는 나의 울퉁불퉁한 앎의 시골길을 잘 다져진 쫙 뻗은 길로 만들어 주는 신비로운 존재였다. 나의 부족한 부분을 가르침으로 채워 주고 허물을 일깨워 주어 불필요하게 멀리 돌아가는 길에서 나의 방향을 잡아 주었다.

나는 오늘도 깨달은 자와 함께 조금씩 천재로 나아간다고 확신한다.

인생의 기본값에 대하여

불교에서는 인생을 '고해(괴로움의 바다)'라고 한다. 인생은 바다처럼 깊이를 알 수 없는 한없는 고통의 연속이다. 그래서 삶을 바다에 비유하지 않았을까.

할머니는 해마다 한복을 곱게 차려입고 중학교 동창 모임을 갔다. 나는 80을 바라보던 할머니에게 물었다.

"올해는 언제 모임을 가셔?"

"이제 안 가. 나랑 몇몇 빼고 다 죽었어. 걔네들도 허리 아프고 다리 아프고 못 돌아댕겨."

예상하지 못한 그녀의 황당한 대답이었다. 그녀의 목소리에는 어떤 감정도 실려 있지 않았다. 고개를 돌리자 그녀의 옆얼굴이 내 눈에 들어왔다. 허공을 보고 있는 그녀의 두 눈은 과거로 여행을 떠난 것처럼 깊은 생각에 잠겨 보였다.

일제강점기와 한국 전쟁을 겪은 할머니의 인생 기본값은 단연 고통이었다. 그럼에도 그녀는 매일 새벽 마당을 쓸며 노래를 부르면서 하루를 시작했다. 할머니는 삶이 견뎌야 할 형벌이 아니라 해탈의 과정이라는 천재적인 깨달음을 안고 살았는지도 모르겠다.

실패는 우리의 인생에 끊임없이 찾아온다. 두려움은 매 순간 길을 막으며 그만두라고 속삭인다. 삶의 어려운 문제는 나의 인생을 예고 없이 방문했다. 내가 할 수 있는 일은 귀를 막고 주저앉아 시간이 해결해 주기만을 기다릴 뿐이었다. 나는 언제부터인가 귀에서 조금씩 손을 떼어 무슨 소리가 들리는지 살폈다.

"너에게 문제를 해결할 방법을 가르쳐 주러 왔어. 이 문제를 풀면 너는 더 강해질 거야."

'너를 좌절시킬 거야.'라고 단정 짓고 있었던 소리가 아니었다. 악당이라고 생각했던 인생은 절대로 잔인하지 않았다. 생각을 바꾸자 인생은 길을 알려주는 현자로 그 모습을 드러냈다. 그러자 교실의 맨 앞자리에 앉아 열심히 공부하는 학생의 열정이 나의 마음 안에서 싹을 틔우기 시작했다. 나를 향해 파도처럼 몰려오는 문제들은 새로운 눈으로 보자 달리 보였다.

나는 인생의 기본값을 행복에서 고통으로 바꿨다. 그러자 '아니 왜?'에 대한 생각이 '그럴 수도 있지' 하고 변하기 시작했다. 내 삶의 방정식을 푸는 시간도 한결 수월해졌다. 인생에 역풍이 불면 몸을 틀어 방향을 바꿨다. 그리고 그 역풍을 순풍으로 이용해서 항해하면 되었다.

인생은 학교 모의고사에서 정답을 찾는 사지선다가 아니었다. 정답이 딱히 없으니 찾지 않아도 되었다. 내가 할 일은 이리저리 방향을 틀어 불어오는 강풍을 요리조리 잘 타서 나아가는 일이었다. 나는 이제 인생에서 크고 작은 문제가 생길 때마다 어떻게 해결할지 고민하며 즐길 수 있다.

거세게 몰아치는 바다를 항해할 때는 더욱 튼튼한 배를 만들어 띄워야 한다. 나는 인생의 '고해'를 항해하는 나의 배를 어떻게 하면 더욱 견고하게 만들 수 있을지 고민한다. 또한, 나의 항로를 확인하며 나에게 묻고 답을 따라가려 한다. 목표 없이 표류하는 배는 결국 어디에도 도착하지 못하기 때문이다.

삶의 성장 연료는 고통이다. 니체의 말처럼 결국 나를 죽이지 못하는 고통은 나를 성장시키며 앞으로 나아가도록 했다. 그렇게 고통은 한여름 뜨거운 태양 빛을 한 점으로 모으는 렌즈처럼 내 안에 천재성을 지피는 불씨였다.

나는 소망하지 않고 그냥 한다

약수 한 방울이 모여 천재라는 바위를 뚫는다

대학교 다닐 때 내가 재벌 딸이라는 소문이 있었다. 나는 그 소문을 친한 친구가 얘기해 준 후에야 알게 되었다.

"언니, 언니가 재벌 딸이란 소문 있던데. 언니, 아니잖아?"

내가 방학 때마다 남들 다 가는 집으로 가지 않고 비행기 타고 외국으로 돌아다녀서 그런 소문이 생긴 듯하다. 당시 사람들의 머릿속 외국 여행은 유람선을 타거나 호텔에서 묵으며 가이드를 따라다니는 관광 목적의 개념이 강했다. 돈이 많아야 외국에 간다는 고정관념이 있었다.

다행히 나의 여행 입맛은 그리 고급이 아니었다. 내가 다닌 대부분의 나라는 다소 느린 발달 속도로 성장하는 자연 친화적인 곳이었다. 나는 내가 가고 싶은 나라가 있으면 경유를 몇 번을 하든 상관하지 않고 제일 싼 비행기표를 물색했다.

　　다른 문화에 대한 탐험과 배움이 나의 외국 여행의 주목적이었다. 이국적인 언어와 음식 안에는 그 문화가 녹아 있었다. 그렇기에 나는 여행 중 짧은 시간이더라도 어학원을 등록했고 요리 그리고 춤도 함께 배웠다.

　　스페인에서 어학연수를 하며 스페인어가 과테말라의 공식 언어임을 알게 되었다. 과테말라에 가는 것은 나의 어릴 적 소원을 이루는 일뿐만이 아니라 나의 스페인어 실력을 높일 좋은 기회였다. 나는 과테말라에서 한 달 동안 살면서 스페인어를 배우고 살사 춤을 추었다.

　　「과테말라의 소녀」라는 시를 접하고 언젠가 과테말라에 가겠다는 소원을 현실로 만들었다. 진정 오랜 시간 붙들고 있었던 꿈이었다.

나는 하고 싶은 일에 대한 궁금함이 생기면 그 욕망이 옅어져 사라지기 전에 바로 하려고 했다. 일단 작게라도 시작을 했다. 목표를 세워 나아가는 길은 오래 걸리더라도 결국 도착했다.

산에 약수를 뜨러 가면 약수가 떨어지는 바위에는 늘 홈이 파여 있었다. 매 순간 쉬지 않는 물이 바위를 닳게 하고 변형시켰다.

나는 잠시 쉬더라도 조금씩이라도 꾸준하게 하면 멈추지 않고 성장한다는 교훈을 얻었다. 매 순간 쉬지 않는 작은 보폭의 걸음, 천재가 되는 방법은 발에 채는 길 위의 돌멩이처럼 누구나 아는 하찮은 사실이었다.

썩지 않고 발효되는 삶

꼴찌도 천재가 될 수 있다

마스터즈 대회 당일, 새벽 4시 40분에 울리는 알람 소리는 나의 생각을 흔들어 깨웠다.

'웜업과 스타트 연습에 가지 말까? 그냥 대회 시간에 딱 맞춰 갈까?'

갑자기 현재의 나는 미래의 나를 책임져야 할 의무가 있다는 생각이 떠올랐다.

'사람들은 내게 아무런 관심이 없어. 아무도 나를 주목하지

않아. 가자!'

가지 말아야 할 이유를 머릿속에서 박박 지우며 이불을 박차고 나왔다. 아무런 준비도 되어 있지 않은 상태에서 많은 사람 앞에 선 것은 살면서 이번이 처음이었다. '도망가자', '그만두자'라는 자괴감이 일으키는 소리는 귓가에서 실시간으로 맴돌고 있었다.

로마황제 마르쿠스 아우렐리우스는 말했다.

"주위의 무언가에 의해 부득이 마음이 흐트러졌다면 즉시 너 자신 안으로 돌아가 필요 이상으로 리듬에서 벗어나지 말라."

나는 즉시 황제의 어명을 받들어 '자신감을 가져! 할 수 있어! 도전해!'는 마음속에서 치워 버렸다. 그 대신 감정적인 상태의 나를 다독이며 이해하려고 노력했다.

수영장에 들어갔다. 물은 여전히 새침해 보였다. 사람들은 스타트 연습을 하려고 길게 줄 서 있었다. 내 차례가 되자 나는 스타트대에 올라 공중에 붕 떠서 물 안으로 들어갔다.

뛰기 전 물안경 상태 점검을 잊었다. 그래서 입수하자마자 물안경은 어중간하게 벗겨져 나는 바로 후크 선장이 되었다. 다시 고쳐 쓰려는데 발이 닿지 않았다. 허우적대다 물을 엄청나게 마셨다. 레인도 잡히지 않았다. 갑자기 어렸을 때 목욕탕 안에서 발이 닿지 않았던 공포가 밀려왔다.

'아, 맞다! 나 수영할 줄 알지!'

정신을 차려 물속에서 물안경 고쳐 쓰기를 포기하고 옆으로 나왔다.

'역시, 오길 잘했다. 현명한 선택이었어. 경기에서 이랬어봐. 끔찍하다 끔찍해!'

나는 좀 전 물속 후크 선장이 된 악몽으로 경기 전에 될 수 있으면 많이 뛰어 보겠다고 마음먹었다. 두 번째 뛰었을 때 갑자기 물안경 줄이 따다닥 하고 풀렸다. 나는 안전요원의 도움을 받아 제 형태를 찾은 물안경을 쓰고 다시 뛰기 위해 줄을 섰다. 물안경을 고쳐 쓰자, 아까와 똑같은 소리가 들려왔다. 줄이 또 풀려 버렸다. 불안해지기 시작했다. 바보 같은 물안경 줄과의 씨름으로 스타트 시간이 다 지나가 버렸다.

스타트가 끝나고 추워서 차에 갔다. 나의 무의식은 내가 차를 타고 집으로 도망치는 시나리오를 쓰고 있었는지도 모르겠다. 시동을 켜고 히터를 높이자 차 안은 아늑했다. 어중간하게 붕 떠 있는 시간이 압박으로 다가왔다. 시간이 많아지면 내가 뭔 짓을 할지 모르기에 나 자신 안으로 들어가는 시간이 필요했다. 그때 우연히 연 웹 서재에서 무협지를 눌러 읽기 시작했다. 나는 코앞에 닥친 경기도 잊고 무협지 내용에 완전히 빠졌다. 한창 읽고 있는데 차에서 이상한 소리가 났다. 전조등을 꺼 놓지 않고 시동을 틀어 놔 방전된 배터리가 내는 소리였다.

'이젠 집에도 못 가네….'

소집한다고 준비하라는 톡이 왔다. 나가려는데 차 열쇠의 열쇠고리가 부러졌다. 물안경 줄부터 열쇠고리까지 이상한 '계시'를 받으니 짜증이 올라왔다.

'그만해! 알았어! 뛸 거라고!'

나는 읽고 있던 무협지를 계속 읽으며 소집 시간을 기다렸다. 내 안에 들어가 리듬에서 벗어나지 말라는 마르쿠스 아우렐리우스 황제의 어명은 무협지였다. 나는 어차피 참가하는 대회, 이참에 나를 선수라고 생각하고 수영 선수의 눈으로 경기를 느껴 보기로 했다.

제 차례가 된 선수들이 스타트대 위에 올라 뛰는 장면은 감동이었다. 오늘을 위해 다들 얼마나 열심히 준비했을까. 익숙하지 않은 긴장감과 압박이 몰려왔다. 내가 실력이 있었다면 이 긴장의 무게를 즐겼을지도 모르겠다. 그러나 녹록지 않은 나의 현실이 한탄스러울 따름이었다.

드디어 내 차례가 되었다. 나는 스타트대에 올라 삐 소리와 함께 나를 허공으로 밀어냈다. 첨벙 하는 소리가 12월 마지막 날에 울리는 제야의 종소리처럼 내 귀에서 웅장하게 요동쳤다. 그와 동시에 뇌 안에서 중계방송이 시작되었다.

'50미터 갔다 찍고 다시 와야 하는데. 와, 왜 이렇게 멀어. 50미터만 할걸. 미쳤지, 내가 왜 100미터를 한다고 해서. 언제 가지? 100미터가 이렇게 멀었었나? 다른 사람들은 벌써 다 도착한 건가?'

나는 심각한 경기 중에서도 내 머릿속이 이렇게 수다스러울 수 있을지 그때 알았다. 마라톤 경기에 출전하면 42.195km 동안 대하소설을 써 내려갈 판이었다. 이솝우화에 나오는 토끼와 경주하는 거북이의 마음이 어땠는지 이해했다. 결승점이 가까이 오자 경기를 끝내고 서 있는 옆 6 레인 선수의 모습이 나의 물안경 너머로 들어왔다. 나는 영원히 끝나지 않을 것 같던 악몽의 100미터를 완주하고 나왔다.

　나중에 경기를 돌려보자 6 레인 그 선수만 남아서 생판 모르는 나를 기다리고 있었다. 심지어 그 선수가 경기 최고 기록을 낸 일등이었다. 일등인 그녀는 꼴등으로 들어오는 나를 지켜보며 손뼉을 치고 있었다. 그 영상은 나에게 깊은 울림을 주었다. 나도 인성과 실력을 겸비한 그녀처럼 뒤를 돌아볼 줄 아는 사람이 되어야겠다고 다짐했다.

　진한 감동도 잠시, 경기를 중계하는 아나운서는 오랜만에 짠한 선수를 만나 해설이 고갈됐었나 보다.

　"7 레인 방윤주 선수, 자신만의 페이스로… 방윤주 선수, 경기가 아직 끝나지 않아… 방윤주 선수에게 박수가 쏟아져 나오고 있습니다…."

　나의 전국 꼴등 소식을 전달받은 친구들이 그랬다.

"애매한 2, 3등보다는 꼴찌 해서 주목받고 박수받고 얼마나 좋니."

나는 전국 마스터즈 수영대회를 준비하며 도전에서 도망가고 싶은 나의 못난 자아와 마주했다. 창피한 경험이었다. 대회를 준비하면서 나를 다독이며 포기하지 않는 법을 조금씩 익혀 나갔다.

인간계가 아니라고 여겼던 천재 아인슈타인도 집을 찾지 못하는 길치였다. 실력 부재와 여러 가지 빈틈은 연습과 배움으로 메꿔 나가면 된다.

나에게 깨달음과 용기를 준 기욤 아폴리네르(Guillaume_Apollinaire)의 시가 있다.

'그가 말했다.
벼랑 끝으로 오라.
그들이 대답했다.

우린 두렵습니다.

그가 다시 말했다.

벼랑 끝으로 오라.

그들이 왔다.

그는 그들을 밀어 버렸다.

그리하여 그들은 날았다.'

누구나 처음부터 잘하지 않는다. 잘하든 못하든 중요하지 않다. 꾸준하게 앞으로 나아가며 언젠가 벼랑 끝에서 날겠다는 용맹함만 잊지 않으면 된다. 그렇게 살다 보면 우리 모두 천재가 될 눈부신 순간을 맞이하게 될 것이다.

나는 세계에서 가장 작은 펭귄이 사는 필립 아일랜드에 갔다. 한동안 해변에서 추운 바닷바람을 맞으며 그들을 기다렸다. 그들의 모습이 몹시 궁금했기 때문이었다. 해가 지자 펭귄 무리가 파도를 타며 해변에 모습을 드러냈다. 그곳에 있던 모든 사람은 짧은 다리로 한참을 뒤뚱거리며 해변을 가로지르는 그들의 모습을 보고 숨을 죽였다.

요정만 한 크기의 펭귄은 동이 트기 전 바다로 나갔다. 그들은 죽을 고비와 싸우며 먹이를 찾아 망망대해를 누비다 돌아왔다. 오늘 하루 그들의 목표는 그들을 기다리는 가족이 있는 둥지로 먹이를 갖고 안전하게 돌아오는 것이었다. 나는 뒤뚱거리는 그들 옆에서 같이 걸었다. 귀엽다 못해 애잔한 모습이었다. 그들은 몇 시간 동안만 눈을 붙이고 또 바다로 나가야 했다. 그들의 하루가 천근만근처럼 무겁게 다가왔다. 나는 경고 표지판을 무시하고 팔을 뻗어 펭귄의 머리를 가만히 쓰다듬었다. 작은 몸에서 뿜어져 나오는 삶에 대한 폭발하는 에너지가 느껴졌다.

'나도 열심히 살게. 너처럼.'

나는 목숨을 걸고 하루를 사는 펭귄에게서 천재의 모습을 보았다. 그리고 문득 엄청난 업적을 이루지 않더라도 천재는 될 수 있다고 생각했다. 나는 '그럼에도'라는 단어를 장착하고 꾸준하게 앞으로 나아가는 모습을 한 모든 생명에서 천재를 보기 시작했다.

땅속에서 굼벵이로 인고의 세월을 보낸 후 세상에 나와 얼마 되지 않은 수명을 오직 짝짓기로 번식하는 매미들, 끊임없이 넘어지면서 걸음마를 완성하는 아기들, 지긋하게 나이가 들어서도 운동에서 자신을 완성해 나가는 사람들. 천재는 어디에나 빛을 발하고 있었다.

나는 내 마음 안에 냉동되어 잠자고 있던 천재성을 삶의 열정으로 녹이기로 다짐했다. 필립 아일랜드에서 본 펭귄은 내 인생의 모범 답안이 되었다. 천재 할머니로 거듭나는 방법은 그 작은 몸집의 펭귄이 살아가는 치열한 삶에 녹아 있었다. 나는 오늘도 망망대해를 누비며 전력을 다해 살고 있을 펭귄을 생각하며 나 역시 인생의 바다에서 용감하게 헤엄을 친다.

이런 말이 있다.

'천재란 만들어지는 것이다. 오늘날 우리가 천재로 기억하는 이들도 처음부터 특별하지 않았다. 그들이 특별해진 이유는 멈추지 않기 때문이다.'

인생의 발차기를 멈추지 않고 계속한다면 언젠가 나도 지식의 대서양을 횡단할 수 있지 않을까 하는 마음에서 이 책을 쓰게 되었다.

처음으로 글을 쓰는 나를 독려해 주시고 섬세하고 체계적으로 지도해 주신 작가 나겨울 님과 이 글의 퇴고를 성심성의껏 꼼꼼하게 도와주신 비평가 오연주 님께도 감사드린다. 그리고 물 공포증이 있던 나를 전국 수영대회에서 완주할 수 있게 가르쳐 주신 수영 코치 김근호 님께 감사의 말씀을 드린다. 그는 열정을 다해 짧은 시간 안에 나를 짝퉁 인어 못지않은 실력으로 만들어 주었다. 그가 없었더라면 나는 전국 수영대회에서 살아남을 수 없었다. 단연 최고의 선생님이다.

이들 모두 내가 꿈을 향해 가는 길, 외롭지 않게 모두 기꺼이 나의 길동무가 되어 주었던 감사한 인연이다.